SÉRIE GESTÃO PÚBLICA

Noções gerais sobre orçamento público e responsabilidade fiscal
Elizabeth Bezerra Lopes Murakami

Rua Clara Vendramin, 58 • Mossunguê
CEP 81200-170 • Curitiba • PR • Brasil
Fone: (41) 2106-4170
www.intersaberes.com
editora@intersaberes.com

conselho editorial •	Dr. Ivo José Both (presidente)
	Dr. Alexandre Coutinho Pagliarini
	Dr.ª Elena Godoy
	Dr. Neri dos Santos
	Dr. Ulf Gregor Baranow
editora-chefe •	Lindsay Azambuja
supervisora editorial •	Ariadne Nunes Wenger
assistente editorial •	Daniela Viroli Pereira Pinto
preparação de originais •	Letra & Língua Ltda. - ME
edição de texto •	Palavra do Editor e Caroline Rabelo Gomes
capa •	Débora Gipiela (*design*), stockshoppe e Artnizu/Shutterstock (imagens)
projeto gráfico •	Raphael Bernadelli
fotografias de abertura •	Raphael Bernadelli
diagramação •	Débora Gipiela
responsável pelo design •	Débora Gipiela
iconografia •	Regina Claudia Cruz Prestes

Dado Internacionais de Catalogação na Publicação (CIP)
(Câmara Brasileira do Livro, SP, Brasil)

◆ ◆ ◆

Murakami, Elizabeth Bezerra Lopes
  Noções gerais sobre orçamento público e responsabilidade fiscal/Elizabeth Bezerra Lopes Murakami. Curitiba: InterSaberes, 2021. (Série Gestão Pública)

  Bibliografia.
  ISBN 978-85-227-0339-5

  1. Administração financeira 2. Administração pública 3. Orçamento público 4. Responsabilidade fiscal I. Título. II. Série.

21-75754   CDD-350.722

◆ ◆ ◆

Índices para catálogo sistemático:
1. Orçamento público: Administração pública   350.722
Cibele Maria Dias – Bibliotecária – CRB-8/9427

1ª edição, 2021.

Foi feito o depósito legal.

Informamos que é de inteira responsabilidade da autora a emissão de conceitos.

Nenhuma parte desta publicação poderá ser reproduzida por qualquer meio ou forma sem a prévia autorização da Editora InterSaberes.

A violação dos direitos autorais é crime estabelecido na Lei n. 9.610/1998 e punido pelo art. 184 do Código Penal.

Sumário

Apresentação, xii

Como aproveitar ao máximo este livro, xvi

capítulo um Atividades financeiras do Estado, 22

    1.1 Conceito de atividade financeira do Estado, 25

    1.2 Elementos essenciais para a realização da atividade financeira do Estado, 28

    1.3 Direito financeiro e direito tributário, 29

capítulo dois Orçamento público, 38

    2.1 Planejamento na Administração Pública, 42

    2.2 Noções gerais de orçamento público, 48

    2.3 Leis orçamentárias, 71

    2.4 Emendas impositivas, 85

    2.5 Controle do orçamento, 87

capítulo três   Receita pública, 102

    3.1   Classificação contábil, 105

    3.2   Classificação jurídica, 117

    3.3   Repartição das receitas, 125

    3.4   Estágios da receita pública, 127

    3.5   Receitas públicas sob a ótica da Lei de Responsabilidade Fiscal (LRF), 129

capítulo quatro   Despesa pública, 138

    4.1   Conceito, natureza jurídica e características das despesas públicas, 140

    4.2   Classificação contábil, 143

    4.3   Classificação jurídica, 161

    4.4   Despesas públicas constitucionalmente obrigatórias, 165

    4.5   Teto para despesas públicas primárias, 166

    4.6   Despesas públicas e a Lei de Responsabilidade Fiscal (LRF), 167

    4.7   Judicialização das despesas públicas, 169

    4.8   Procedimentos para realização do pagamento, 171

    4.9   Fonte e destinação de recursos, 174

capítulo cinco   Crédito público, 182

    5.1   Conceitos e efeitos, 184

    5.2   Classificação dos créditos, 187

capítulo seis   Lei de Responsabilidade Fiscal (LRF), 194

Considerações finais, 204

Lista de siglas, 208

Referências, 210

Respostas, 215

Sobre a autora, 219

Dedicatória

Dedico esta obra especialmente a Deus, o criador de todas as coisas, às minhas filhas, Nayara Saty e Thayane Yoshi, e aos meus netos, Joaquim Kenji e Cauã Toshi, amores da minha vida.

Também registro meus agradecimentos ao acadêmico de Direito Antonio Edemir Pilatto, pelo auxílio nas pesquisas sobre os temas abordados neste livro.

Apresentação

O Estado tem como finalidade o bem comum, e sua responsabilidade é cuidar das necessidades do povo, como educação, saúde, segurança e infraestrutura viária. Para tanto, a Administração Pública precisa de recursos financeiros, sendo sua arrecadação e sua aplicação regulamentadas por lei.

Neste livro, apresentamos a legislação com enfoque jurídico e contábil, a fim de possibilitar ao leitor um conhecimento do texto legal e da aplicabilidade dele na área orçamentária, que é essencial para a realização da atividade financeira do Estado.

Em um primeiro momento, buscamos evidenciar a importância do direito financeiro e contextualizar a distinção entre esse campo e o direito tributário. Na sequência, tratamos do orçamento público de forma detalhada, desde seu planejamento até seu processo legislativo e sua execução e controle.

O orçamento tem implicações políticas, econômicas, administrativas, jurídicas, contábeis e financeiras e, em razão disso, a legislação objetiva trazer maior controle e transparência na atuação dos envolvidos em sua elaboração.

Podemos constatar que o orçamento público é fruto da evolução social e serve de instrumento de planejamento e controle financeiro do Poder Executivo, o que é fundamental no Estado democrático de direito. O orçamento também é um instrumento pelo qual o Poder Executivo prevê e o Poder Legislativo autoriza as despesas dos serviços públicos.

O gestor público encontra limites à sua gestão no orçamento, embora seja dele a prerrogativa de elaborá-lo. Isso porque o poder discricionário do agente público não é absoluto, uma vez que a Constituição Federal de 1988 determina um percentual mínimo para ser gasto em determinadas áreas de interesse público, além de limitar os gastos com despesas de pessoal e vincular a atuação estritamente aos termos orçamentários. Diante desse contexto, conhecer a legislação e fazer um bom planejamento orçamentário certamente faz toda a diferença para o sucesso da gestão administrativa.

Como aproveitar ao máximo este livro

Empregamos nesta obra recursos que visam enriquecer seu aprendizado, facilitar a compreensão dos conteúdos e tornar a leitura mais dinâmica. Conheça a seguir cada uma dessas ferramentas e saiba como estão distribuídas no decorrer deste livro para bem aproveitá-las.

Logo na abertura do capítulo, relacionamos os conteúdos que nele serão abordados.

Antes de iniciarmos nossa abordagem, listamos as habilidades trabalhadas no capítulo e os conhecimentos que você assimilará no decorrer do texto.

Conteúdos do capítulo:

- Conceito de orçamento público.
- Planejamento na Administração Pública.
- Princípios gerais do direito financeiro.
- Leis orçamentárias.
- Controle do orçamento público.

Após o estudo deste capítulo, você será capaz de:

1. compreender como o Estado organiza suas finanças por meio do orçamento público;
2. reconhecer a necessidade do planejamento na Administração Pública;
3. identificar as leis orçamentárias;
4. verificar os meios de controle dos gastos públicos.

Exemplificando

Houve a criação do empréstimo compulsório no governo do Presidente Fernando Collor, o qual atingiu os valores depositados na caderneta de poupança dos brasileiros. Posteriormente, esse tributo foi considerado ilegítimo porque sua criação não foi motivada por nenhuma das situações permitidas por lei.

Contribuições

O tributo arrecadado pela espécie *contribuições*, também conhecido como *contribuições especiais*, decorre da atuação do Estado diretamente relacionada à pessoa do contribuinte.

Não se confunde com a contribuição de melhoria porque a atuação do Estado não está ligada a um bem imóvel. Também não se confunde com a taxa pois a atuação do Estado não se refere a uma prestação de serviço para todos os cidadãos.

Exemplificando

O Fundo de Garantia do Tempo de Serviço (FGTS) é um tributo da espécie *contribuição* que o empregador paga para que o Estado preste alguns serviços para a sociedade, inclusive para que seja pago o seguro-desemprego para o empregado que foi demitido até que ele se recoloque no mercado de trabalho.

O conceito de tributo, qualquer que seja a espécie, está diretamente ligado à forma de desenvolver as atividades financeiras do Estado.

Anteriormente, ao conceituarmos as atividades financeiras do Estado, afirmamos que é o direito financeiro que as regulamenta.

Você deve estar se perguntando: Se os tributos servem para realizar a atividade financeira do Estado, então por que essa atividade não faz parte do direito tributário?

Esse foi um questionamento que ensejou muita discussão entre os estudiosos do direito, mas, a partir da promulgação da Constituição Federal de 1988, restou claro que o **direito tributário** regula as relações entre a Administração Pública e os contribuintes, voltando-se à regulamentação dos tributos, ao passo que o **direito financeiro** trata de regulamentar a atividade financeira do Estado, embora esta dependa dos tributos.

Curiosidade

O ordenamento jurídico é um conjunto de regras impostas e que são interligadas.

Para melhor organização, o direito se divide em dois ramos – direito público e direito privado – e cada um desses ramos se subdivide de acordo com suas matérias.

Por isso, temos o direito constitucional, o direito penal, o direito do trabalho, o direito empresarial, o direito administrativo, o direito tributário, o direito financeiro, o direito de família, o direito sucessório, entre outros.

O direito financeiro e o direito tributário são ramos do direito que se comunicam, mas não são iguais.

O direito financeiro tem por objeto a atividade financeira do Estado e originou o direito tributário. O direito tributário, por sua vez, cuida de uma das várias espécies de receitas do Estado.

Podemos afirmar que, atualmente, o direito tributário regulamenta uma forma de arrecadar recursos para o Estado realizar as atividades administrativas, e o direito financeiro cuida de regulamentar a utilização dos recursos arrecadados.

deverá ter plena liberdade para tomar as decisões necessárias a fim de garantir à nação seus direitos básicos.

Outro ponto que merece destaque é a vigência dessa modalidade de crédito, que obedece à regra de iniciar-se com a abertura do crédito e finalizar-se com o término do exercício financeiro. Entretanto, impera a exceção de vigência do crédito especial, isto é, se o crédito for aberto nos últimos quatro meses, poderá ser reaberto no exercício anterior, respeitando-se seu saldo (Piscitelli, 2018).

Por outro lado, o crédito público como fonte regular de financiamento do Estado, em razão da concepção de empréstimo público, é assim classificado (Abraham, 2018):

a. empréstimo público federal, estadual ou municipal;
b. empréstimo público de curto prazo ou de longo prazo;
c. empréstimo público interno ou externo, sendo interno quando credor e devedor forem de dentro do país e externo quando a captação do recurso for internacional;
d. empréstimo público voluntário ou compulsório, quando o empréstimo decorrer de uma obrigação, e não por opção, como no caso do voluntário (por exemplo, depósitos bancários feitos por instituição financeira junto ao Banco Central).

Para saber mais

HARADA, K. *Direito financeiro e tributário*. 29. ed. São Paulo: Atlas, 2020.

Nessa obra, o autor executa a análise dos objetos do direito financeiro – despesas e receitas públicas, orçamento público e crédito público – sob a ótica constitucional e das demais legislações.

> *Sugerimos a leitura de diferentes conteúdos digitais e impressos para que você aprofunde sua aprendizagem e siga buscando conhecimento.*

Síntese

O termo *despesa* não necessariamente precisa ser interpretado de forma negativa, afinal, o investimento das verbas públicas nas necessidades básicas dos cidadãos faz parte da realização dos direitos constitucionalmente instituídos.

Para que não haja desvios ou mazelas nem aplicações indevidas, todas as despesas possíveis precisam ser aprovadas pelo Poder Legislativo, uma vez que devem estar descritas na LOA. Essa é a autorização para que o governante possa gastar o dinheiro público, com raríssimas exceções.

São muitas as classificações da despesa pública, mas todas expressam o entendimento de que estão associadas à necessidade de emprego de recurso público. Algumas previstas na Constituição Federal são verdadeiras imposições ao governante (despesas obrigatórias). Outras são obrigatórias em razão das emendas ao projeto de lei orçamentária (emendas impositivas), sobrando uma pequena margem para a discricionariedade do governante quanto ao estabelecimento das despesas prioritárias.

A LRF fixa rigorosos critérios para o emprego dos recursos públicos, responsabilizando o governante que os descumprir em crime de responsabilidade, motivo forte e suficiente para um possível processo de *impeachment*.

Importante salientar o fenômeno cada vez mais presente nos países democráticos cujas Constituições são prolixas em direitos: a imposição por vias judiciais da realização de determinada despesa. Essa judicialização das políticas públicas ocorre sempre que um particular se vale do Poder Judiciário para impor ao governante dada despesa.

Por fim, verificamos a necessidade da ferramenta de controle, que prevê a fonte/destinação no orçamento público, a fim de garantir o fiel cumprimento da obrigatoriedade da vinculação de determinadas receitas.

> *Ao final de cada capítulo, relacionamos as principais informações nele abordadas a fim de que você avalie as conclusões a que chegou, confirmando-as ou redefinindo-as.*

Questões para revisão

1. Quanto à despesa pública, assinale a alternativa correta:
   a. Trata-se da aplicação de certa quantia de dinheiro público, realizada exclusivamente pelo Poder Executivo.
   b. Trata-se da mera autorização promovida pelo Poder Legislativo quanto a uma despesa.
   c. É a aplicação de certa quantia de dinheiro público, realizada pelo Poder Executivo, mediante autorização do Poder Legislativo, para execução de uma despesa pública.
   d. É a despesa que o país deve arcar todos os anos com os três poderes.
2. A finalidade da classificação da despesa pública é:
   a. identificar em que está sendo gasto o dinheiro público.
   b. rastrear o dinheiro público.
   c. fornecer informação suficiente para a elaboração de estatísticas dos gastos públicos.
   d. atender apenas a fins doutrinários.
3. Se "sobrar dinheiro", o governante deve:
   a. rateá-lo com o Poder Executivo.
   b. investi-lo no que bem queira, desde que seja em atividade pública.
   c. deixar a eventual sobra para o próximo exercício financeiro.
   d. aplicar os recursos conforme os princípios constitucionais.
4. O que é judicialização das despesas públicas?
5. Quais são as peculiaridades do pagamento de precatórios?

Ao realizar estas atividades, você poderá rever os principais conceitos analisados. Ao final do livro, disponibilizamos as respostas às questões para a verificação de sua aprendizagem.

Questão para reflexão

1. Cabe ao Poder Executivo a iniciativa da elaboração das leis orçamentárias, porém a discricionariedade do gestor público não é absoluta, considerando o que determina a Constituição Federal quanto à destinação de percentuais para a saúde e a educação e as emendas impositivas. Nesse contexto, verifique quais foram as emendas impositivas de seu vereador e reflita se a destinação delas condiz com os compromissos dele em campanha. Diante disso, qual é sua opinião sobre as principais características das emendas impositivas, tendo em vista que obrigam o Executivo a realizar determinada despesa?

Ao propor estas questões, pretendemos estimular sua reflexão crítica sobre temas que ampliam a discussão dos conteúdos tratados no capítulo, contemplando ideias e experiências que podem ser compartilhadas com seus pares.

capítulo um

Atividades financeiras do Estado

Conteúdos do capítulo:

+ Conceito da atividade financeira do Estado.
+ Elementos essenciais para a realização da atividade financeira do Estado.

Após o estudo deste capítulo, você será capaz de:

1. compreender como o Estado atua para atingir sua finalidade precípua, que é o bem comum do povo;
2. identificar as atividades administrativas do Estado.

As pessoas físicas exercem várias atividades, que podem ser políticas, sociais, culturais, religiosas, laborativas, esportivas etc. Isso se aplica também às pessoas jurídicas. Tanto as pessoas físicas quanto as jurídicas precisam exercer atividades financeiras para cumprir suas obrigações precípuas.

O exercício das atividades financeiras de uma pessoa física é livre, desde que seja realizado de forma lícita.

Por sua vez, o exercício das atividades financeiras de uma pessoa jurídica de direito privado está adstrito à finalidade disposta em seu ato constitutivo. Já a pessoa jurídica de direito público tem suas atividades financeiras regulamentadas pela legislação.

Ressaltamos, aqui, que as atividades financeiras de cada pessoa, física ou jurídica, devem observar regras próprias.

Neste capítulo, analisaremos as regras a serem aplicadas especificamente para o exercício da atividade financeira do Estado, que é uma **pessoa jurídica de direito público**, pois essa espécie de pessoa jurídica constitui o objeto central desta obra.

> Para iniciarmos, vamos relembrar quais são as pessoas jurídicas existentes no ordenamento jurídico brasileiro:
> - As pessoas jurídicas são de direito privado e de direito público.
> - As pessoas jurídicas de direito privado são as associações, as fundações, as sociedades, os partidos políticos, as organizações religiosas e as empresas individuais de responsabilidade limitada (Eirelis).
> - As pessoas jurídicas de direito público são a União, os estados, os municípios e o Distrito Federal.

Em todas as esferas – municipal, estadual ou federal –, a pessoa jurídica de direito público deve respeitar regras para exercer suas atividades financeiras, sob pena de o gestor que agiu em descompasso com a legislação ser responsabilizado civil ou criminalmente, como veremos no Capítulo 4 deste livro.

1.1 Conceito de atividade financeira do Estado

Antes de abordarmos o conceito de atividade financeira, é preciso esclarecer o que a motiva. O Estado tem como finalidade o bem comum do povo, ou seja, ele é o responsável por educação, saúde, segurança, infraestrutura viária, entre outras atividades, as quais são chamadas de *atividade administrativa do Estado*.

Para exercer as atividades administrativas, o Estado necessita de recursos financeiros. A obtenção desses recursos e a respectiva gestão são denominadas *atividade financeira do Estado*.

Nesse sentido, segundo Deodato (1967), a atividade financeira do Estado busca encontrar meios para satisfazer as necessidades públicas, quais sejam, as necessidades dos administrados.

A atividade financeira tem por **finalidade** tornar possível o cumprimento dos objetivos do Estado e manifesta-se, fundamentalmente, nas receitas, nas despesas e na gestão dos bens e recursos públicos (Fonrouge, 1976). Portanto, a atividade financeira se traduz na função do Estado de buscar recursos financeiros para atender às necessidades públicas, voltada à arrecadação, à gestão e às aplicações dessas receitas (Abraham, 2018).

Assim, em suma, a atividade financeira do Estado envolve a **arrecadação**, a **gestão** e o **controle** de receitas e o **pagamento** das despesas públicas. Podemos afirmar que a atividade financeira do Estado se refere às formas utilizadas para que o Estado atinja seu objetivo.

> Então, será que, quanto maiores forem os objetivos do Estado, maiores serão suas atividades financeiras?

Os **objetivos do Estado** são diferentes, pois dependem da intervenção dele na economia, ou seja, quanto maior a intervenção, mais atividades devem ser exercidas; quanto menor a intervenção, menos atividades financeiras acontecem.

Nos séculos XVIII e XIX, período denominado *Clássico*, o Estado liberal pouco intervinha no mundo econômico. Logo, nessa época, eram poucas as atividades financeiras.

Por outro lado, no final do século XIX, período denominado *Moderno*, o Estado passou a intervir de forma mais ostensiva na economia, o que culminou com o aumento de suas atividades financeiras.

É certo que, na época do totalitarismo, o Estado apenas tinha interesse em arrecadar, sem se preocupar com qualquer contrapartida de sua parte em face de seus cidadãos. Em razão disso, não havia preocupação com as despesas públicas, o que revela que as primeiras atividades financeiras do Estado versavam essencialmente sobre receitas.

No entanto, quando o Estado passou a se preocupar com o bem-estar social, implementando políticas públicas, surgiu a necessidade de programar as despesas e ampliar o alcance das atividades financeiras, que deixaram de abranger apenas receitas, ou seja, passou-se a tratar de instrumentos de gestão para arcar com as despesas públicas. Entende-se que, então, nasceu formalmente no Brasil o **direito financeiro**, mais especificamente com a publicação da Lei n. 4.320, de 17 de março de 1964, conhecida como *Lei das Normas Gerais de Direito Financeiro*, que sistematizou o orçamento público para programar e controlar as receitas e despesas públicas (Brasil, 1964).

Assim, o Estado, como responsável por atender às necessidades coletivas, tais como segurança, transporte, saúde, educação, atividade jurídica, as quais geram despesas, precisa dispor de recursos financeiros, ou seja, de receitas.

A Constituição Federal (CF) de 1988, de forma inédita entre as Constituições brasileiras, tratou de regulamentar as finanças públicas em capítulo próprio, a partir de seu art. 163 (Brasil, 1988).

Figura 1.1 – Espécies normativas

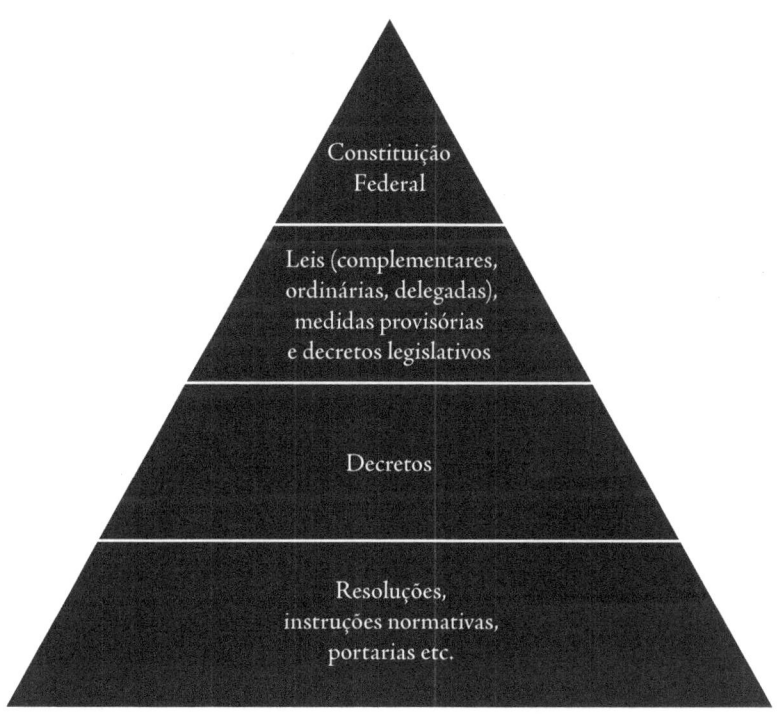

Diante da previsão constitucional de regulamentação das finanças públicas por lei complementar, foi sancionada e publicada a Lei Complementar nº 101, de 4 de maio de 2000 (Brasil, 2000b), chamada de *Lei de Responsabilidade Fiscal* (LRF), que analisaremos em capítulo próprio.

> *Curiosidade*
>
> Toda regulamentação de finanças públicas deve ser realizada por meio de lei complementar. Isso está previsto no art. 163 da CF/1988.

> Apesar disso, a Lei n. 4.320/1964, que é uma lei ordinária que trata de finanças públicas, foi recepcionada pela Constituição Federal de 1988, por ter sido aprovada antes desta, que trouxe, então, a exigência mencionada anteriormente. Dessa forma, considera-se que essa lei tem *status* de lei complementar, embora seja uma lei ordinária.

Salientamos que o direito financeiro, ou seja, tudo o que envolve a atividade financeira do Estado, deve estar em consonância com a Lei n. 4.320/1964, com a Lei Complementar n. 101/2000 e com a Constituição Federal.

Compreendido o conceito, a dinâmica e a regulamentação da atividade financeira do Estado, vejamos, a seguir, seus elementos essenciais.

1.2 *Elementos essenciais para a realização da atividade financeira do Estado*

Como já ressaltamos, o exercício da atividade financeira pelo Estado está restrito às exigências da lei, uma vez que sua atuação se pauta em princípios entre os quais se destaca o princípio da legalidade, que será abordado no Capítulo 2.

Com base no conceito de atividade financeira e na legislação que a regulamenta, é possível constatar que o desenvolvimento dessa atividade ocorre mediante quatro ações: arrecadar, pagar, gerir e implementar.

Figura 1.2 – Desenvolvimento da atividade financeira do Estado

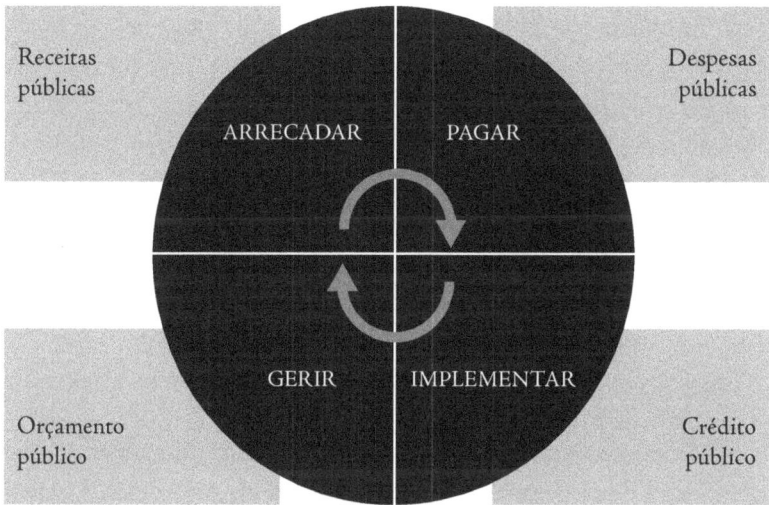

Na Figura 1.2, podemos observar que a atividade financeira se desenvolve por intermédio das ações de arrecadação, custeio, gestão e implementação dos recursos financeiros, e a essas ações chamamos de *elementos essenciais*.

Dessa forma, concluímos que o exercício da atividade financeira pelo Estado depende de elementos essenciais, os quais serao foco de nosso estudo nos próximos capítulos. No momento, vale observar que a pandemia de Covid-19 acarretou mudanças imprevisíveis nos elementos e impactou o exercício das atividades financeiras, como veremos adiante.

1.3 *Direito financeiro e direito tributário*

Uma das formas de o Estado arrecadar é por meio da criação de tributos.

O Código Tributário Nacional – Lei n. 5.172, de 25 de outubro de 1966 –, em seu art. 3º, conceitua *tributo* como "toda prestação pecuniária compulsória, em moeda ou cujo valor nela se possa exprimir, que não constitua sanção de ato ilícito, instituída em lei e cobrada mediante atividade administrativa plenamente vinculada" (Brasil, 1966).

Os tributos se dividem nas seguintes espécies: impostos, taxas, contribuições de melhorias, empréstimos compulsórios e contribuições (Machado Segundo, 2019). Vejamos a seguir cada uma delas em detalhes.

Imposto

O imposto é uma espécie de tributo gerado por um fato que demonstra que a pessoa pode contribuir, mas esse fato não tem ligação com atividades do Estado, e sim com a capacidade econômica, ou seja, com a riqueza de quem deve pagar.

> *Exemplificando*
>
> Um exemplo clássico é o Imposto de Renda, que temos de pagar em razão do fato de termos rendas, seja pelo fruto de nosso trabalho, seja em decorrência de uma negociação que resulta em ganho de dinheiro.

Taxa

A taxa é um tributo que tem como fato gerador a prestação de um serviço público; logo, a taxa está vinculada a uma atuação do Estado.

> *Exemplificando*
>
> Quando a Prefeitura recolhe seu lixo, está prestando um serviço para você, razão pela qual tem o direito de cobrar um tributo da espécie *taxa*, que é comumente chamada de *taxa de lixo*.

Contribuição de melhoria

A contribuição de melhoria é um tributo cobrado pelos entes da Federação (União, estados, Distrito Federal e municípios) para custear obras públicas quando estas valorizam um imóvel particular.

Esse tributo vincula uma atuação do Estado (que geraria um tributo pela espécie *taxa*) e um fato econômico do contribuinte (que geraria um tributo pela espécie *imposto*).

Dessa forma, podemos concluir que o tributo da espécie *contribuição de melhoria* tem dois fatos geradores interligados: a atuação do Estado ao fazer a obra e a obtenção de riqueza do contribuinte ao ter seu imóvel valorizado.

Exemplificando
Quando a Prefeitura asfalta a rua em que você mora, sua casa passa a valer mais, e isso pode gerar uma contribuição de melhoria.

Empréstimo compulsório

O empréstimo compulsório é um tributo que nem poderia ser considerado um instrumento de obtenção de receita pelo Estado. Isso porque se trata de um tributo que somente pode ser criado pela União e em situações especiais, tais como guerra, calamidade pública ou investimento público relevante. Esse tributo fica vinculado ao que motivou sua criação, não podendo o valor arrecado ser utilizado para outro fim. Sua característica principal é que o valor arrecadado, como o nome do tributo sugere, será devolvido ao contribuinte, isto é, o Estado restituirá tais valores ao particular.

> *Exemplificando*
>
> Houve a criação do empréstimo compulsório no governo do Presidente Fernando Collor, o qual atingiu os valores depositados na caderneta de poupança dos brasileiros. Posteriormente, esse tributo foi considerado ilegítimo porque sua criação não foi motivada por nenhuma das situações permitidas por lei.

Contribuições

O tributo arrecadado pela espécie *contribuições*, também conhecido como *contribuições especiais*, decorre da atuação do Estado diretamente relacionada à pessoa do contribuinte.

Não se confunde com a contribuição de melhoria porque a atuação do Estado não está ligada a um bem imóvel. Também não se confunde com a taxa pois a atuação do Estado não se refere a uma prestação de serviço para todos os cidadãos.

> *Exemplificando*
>
> O Fundo de Garantia do Tempo de Serviço (FGTS) é um tributo da espécie *contribuição* que o empregador paga para que o Estado preste alguns serviços para a sociedade, inclusive para que seja pago o seguro-desemprego para o empregado que foi demitido até que ele arrume outra colocação no mercado de trabalho.

O conceito de tributo, qualquer que seja a espécie, está diretamente ligado à forma de desenvolver as atividades financeiras do Estado.

Anteriormente, ao conceituarmos as atividades financeiras do Estado, afirmamos que é o direito financeiro que as regulamenta.

Você deve estar se perguntando: Se os tributos servem para realizar a atividade financeira do Estado, então por que essa atividade não faz parte do direito tributário?

Esse foi um questionamento que ensejou muita discussão entre os estudiosos do direito, mas, a partir da promulgação da Constituição Federal de 1988, restou claro que o **direito tributário** regula as relações entre a Administração Pública e os contribuintes, voltando-se à regulamentação dos tributos, ao passo que o **direito financeiro** trata de regulamentar a atividade financeira do Estado, embora esta dependa dos tributos.

> *Curiosidade*
>
> O ordenamento jurídico é um conjunto de regras impostas e que são interligadas.
>
> Para melhor organização, o direito se divide em dois ramos – direito público e direito privado – e cada um desses ramos se subdivide de acordo com suas matérias.
>
> Por isso, temos o direito constitucional, o direito penal, o direito do trabalho, o direito empresarial, o direito administrativo, o direito tributário, o direito financeiro, o direito de família, o direito sucessório, entre outros.

O direito financeiro e o direito tributário são ramos do direito que se comunicam, mas não são iguais.

O direito financeiro tem por objeto a atividade financeira do Estado e originou o direito tributário. O direito tributário, por sua vez, cuida de uma das várias espécies de receitas do Estado.

Podemos afirmar que, atualmente, o direito tributário regulamenta uma forma de arrecadar recursos para o Estado realizar as atividades administrativas, e o direito financeiro cuida de regulamentar a utilização dos recursos arrecadados.

> *Para saber mais*
>
> HARADA, K. **Direito financeiro e tributário.** 30. ed. São Paulo: Atlas, 2021.
>
> Nessa obra, o autor desperta o olhar para a atividade financeira do Estado, contribuindo para uma mudança da tradição brasileira, que se interessa apenas pelo direito tributário, já que esse ramo do direito trata das obrigações impostas aos cidadãos que culminam com a redução de suas riquezas, ao passo que o direito financeiro, que trata das atividades financeiras do Estado, gera mais interesse entre os gestores públicos.

Síntese

O Estado tem como objetivo o bem comum de seu povo. Para realizar seu objetivo, que inclui fornecer educação, cuidar da saúde de seus cidadãos, garantir a segurança da população, entre outras atividades administrativas, ele precisa praticar outras ações com vistas a obter recursos financeiros. Essas ações denominam-se *elementos essenciais da atividade financeira*, que é regulamentada pelo direito financeiro.

A atividade financeira, portanto, envolve a arrecadação, o custeio, a gestão e a implementação dos recursos necessários para realizar as atividades administrativas do Estado. Uma das formas de arrecadar recursos é por meio da criação de tributos. Assim, o direito financeiro e o direito tributário estão ligados entre si para melhor realização das atividades financeiras do Estado.

Questões para revisão

1. A atividade financeira do Estado serve para:
   a. manter a estrutura estatal e a soberania do país apenas.
   b. prover a igualdade financeira na sociedade, cobrando mais dos ricos e menos dos pobres.
   c. angariar e gerenciar os recursos financeiros, a fim de garantir a realização das necessidades do povo e atender ao interesse público.
   d. para que o governo aumente suas riquesas.

2. As quatro ações essenciais para a realização da atividade financeira do Estado são:
   a. cobrar, distribuir, gerenciar e prover.
   b. arrecadar, gerir, distribuir e construir.
   c. arrecadar, pagar, gerir e implementar.
   d. cobrar, gerir, dispensar e manter.

3. As atividades administrativas do Estado são:
   a. as atividades de administração do orçamento público.
   b. as atividades internas, por meio das quais os parlamentares deliberam administrativamente sobre o que devem ou não fazer.
   c. as atividades emergenciais.
   d. as atividades que o Estado desenvolve para a população, tais como garantir segurança, saúde e educação.

4. Quais são as principais leis brasileiras do direito financeiro, que servem de normas balizadoras para toda atividade financeira do Estado?

5. Explique a afirmação: "O empréstimo compulsório é um tributo que nem poderia ser considerado um instrumento de obtenção de receita pelo Estado".

Questão para reflexão

1. As atividades financeiras do Estado estão ligadas ao seu objetivo, que, regra geral, consiste em suprir as necessidades da sociedade. Para satisfazer essas necessidades, são necessários recursos financeiros, e uma das formas de obtê-los é por meio da criação de tributos. Reflita sobre as necessidades de sua família que são supridas pelo Estado e sobre os tributos que você e seus familiares pagam. Com base nisso, aponte as principais diferenças entre direito financeiro e direito tributário.

capítulo dois

Orçamento público

Conteúdos do capítulo:

- Conceito de orçamento público.
- Planejamento na Administração Pública.
- Princípios gerais do direito financeiro.
- Leis orçamentárias.
- Controle do orçamento público.

Após o estudo deste capítulo, você será capaz de:

1. compreender como o Estado organiza suas finanças por meio do orçamento público;
2. reconhecer a necessidade do planejamento na Administração Pública;
3. identificar as leis orçamentárias;
4. verificar os meios de controle dos gastos públicos.

O orçamento público é um dos elementos essenciais para a realização da atividade financeira do Estado, essência do direito financeiro. No entanto, além das questões concernentes às finanças, há implicações políticas, econômicas, administrativas, jurídicas e contábeis.

> *Exemplificando*
>
> O prefeito precisa decidir se asfalta ruas ou se constrói um novo posto de saúde.
>
> Aqui há uma implicação política. Ambas as demandas são importantes para a coletividade, e a decisão vai depender da plataforma política de quem tem o poder de decidir, se o foco será na estrutura viária ou na saúde.
>
> Se, antes de decidir qual demanda será atendida, o prefeito analisar as receitas, as despesas, os déficits e as dívidas, estaremos diante de questões econômicas.

O aspecto político permeia as decisões voltadas à coletividade e que são tomadas com base no interesse dos poderes Executivo, Legislativo e Judiciário, razão pela qual se faz necessária a harmonia entre eles.

Na prática, para a elaboração do orçamento, apenas atuam de forma perceptível o Poder Executivo e o Legislativo, visto que a elaboração do orçamento cabe ao Executivo, e a aprovação, ao Legislativo. Tecnicamente, ambos devem exercer suas funções para confeccionar um orçamento que atenda às necessidades da coletividade.

Quanto ao aspecto econômico, ele está presente, em regra, no exercício de prever as receitas e as despesas, de forma a manter o equilíbrio financeiro.

Também é preciso observar o aspecto técnico e jurídico do orçamento, sendo este regido por normas da contabilidade pública e restrita aos termos da legislação pertinente; porém, como ensina

Abraham (2017), a técnica não pode impedir que o cidadão compreenda a política orçamentária.

É possível notar que existem diferentes finalidades para o orçamento público, afinal, o orçamento foi evoluindo a partir do orçamento tradicional, tendo em vista a forma inicial da atividade financeira, e tem como objetivo final o orçamento moderno, já que apresenta novos conceitos e novas técnicas (Giacomoni, 2017).

O **orçamento tradicional**, tal como o conhecemos na atualidade, surgiu em 1822, na Inglaterra e tinha como objetivo controlar as despesas públicas para evitar o aumento da carga tributária. Como explica Giacomoni (2017), o orçamento tinha o condão de disciplinar as finanças públicas e fazer o controle político. O equilíbrio financeiro buscava impedir o aumento exagerado das despesas públicas.

Salientamos que, nesse tipo de orçamento, o aspecto econômico ficava em segundo plano, e o controle político, em primeiro.

O orçamento tradicional era classificado por unidades administrativas, ou seja, pelo órgão que poderia gastar, e também por objeto ou item de despesa.

Por sua vez, o **orçamento moderno** nasceu no século XX, passando de um instrumento de previsão de receitas e despesas passíveis de controle político para um instrumento de administração, com o intuito de auxiliar o Poder Executivo nas etapas do processo administrativo e programar o trabalho do governo (Mauvel, citado por Giacomoni, 2017).

O orçamento moderno, portanto, torna-se bastante amplo, mantendo o controle político, mas planejando de forma mais sistemática, com a inclusão de programas e metas.

Essas minúcias do orçamento moderno esbarraram nas crises econômicas e políticas, diante de embates entre os poderes Executivo e Legislativo. De toda sorte, o orçamento não voltou a ser o tradicional.

Na atualidade, o orçamento busca evitar o aumento das despesas, como ocorria no orçamento tradicional, a fim de manter o controle econômico e sua função de planejamento, como no orçamento moderno.

A atividade financeira do Estado não pode ser desarrazoada e sem controle, com vistas a evitar que a arrecadação seja desvinculada das necessidades sociais, dado que o fim da atividade não é a arrecadação, mas o bem comum da coletividade. Dessa forma, a arrecadação deve ter como foco o necessário para suprir as atividades administrativas, e a forma de gastar esses valores arrecadados deve ser minuciosamente planejada e transparente (Barroso, 2008).

Definir as formas de obtenção de receita, seu montante e os destinatários da carga tributária, bem como as prioridades de alocação do dinheiro público, não caracteriza uma atividade puramente técnica ou contábil. Ao contrário, essas são escolhas políticas fundamentais, que moldam o tamanho do Estado e suas responsabilidades para com a sociedade. Nenhuma democracia pode passar ao largo dessa discussão.

Desse raciocínio depende o cumprimento das regras para a elaboração do orçamento público.

Para melhor compreender o orçamento público, é preciso relembrar que um Estado de direito, como é o Brasil, tem no ordenamento jurídico limitadores do poder político, entre os quais destacamos as leis orçamentárias, que fazem parte do processo orçamentário. Por sua vez, o orçamento é uma das formas de planejamento da Administração Pública, como passaremos a analisar.

2.1 *Planejamento na Administração Pública*

A Administração Pública tem como objetivo a realização do bem comum e, para concretizar de forma adequada e eficiente tal propósito, necessita estar bem organizada.

Para implementar sua organização, é necessário que a Administração Pública defina sua dimensão e suas funções, separando as funções essenciais das acessórias, ou seja, as funções que devem ser executadas pelo Estado e as que podem ser exercidas por outros órgãos sob sua fiscalização. Como exemplo, citamos o planejamento e o orçamento como funções que integram a estrutura organizacional que apoia as decisões políticas. Ocorre que os avanços tecnológicos, entre outras razões, motivaram mudanças no sentido de agilizar e desburocratizar a realização das atividades administrativas, ocasionando alterações no planejamento. Antes, o planejamento era normativo; atualmente, é estratégico (Matias-Pereira, 2016).

A Constituição Federal (CF) de 1988, em seu art. 174, trata o Estado como "agente normativo e regulador", imputando-lhe o dever de fiscalização, incentivo e planejamento da atividade econômica (Brasil, 1988).

Na área da Administração Pública, Ackoff (1967) define o planejamento de diferentes formas, mas todas admitem que o ato de planejar é um processo de estudo, permanente e metodológico, que tem como finalidade auxiliar o governante a tomar decisões mais racionais, ou seja, é um processo que visa produzir um resultado futuro desejado (um objetivo).

Pensar no planejamento como um meio para se chegar a um fim é admitir que ele se constitui mais em um processo do que em um simples plano, sendo esse plano uma maneira de chegar ao resultado esperado. No entanto, sem um processo de planejamento, sequer se saberia qual é o resultado desejado (Oliveira, 2018).

No aspecto organizacional, o planejamento se destina a definir os objetivos e a estipular as estratégias que garantirão a execução. Já no âmbito do Poder Público, o planejamento é um instrumento de tomada de decisão por meio do qual se traçam os objetivos e as formas de alcançá-los (Dias, 2017).

> Para a Administração Pública, o **planejamento** é uma imposição constitucional que se consolida com a elaboração do orçamento.

O planejamento pode ser considerado a primeira função administrativa, por servir de base para as demais funções. É por intermédio dele que, previamente, são determinados os objetivos a serem traçados e a forma de controle e de gerenciamento para se chegar ao resultado (Santos, 2010).

Funções do planejamento público

Para que seja eficaz, todo planejamento precisa ter como função o ato de planejar, que, como já vimos, deve ser entendido como um processo de racionalização que busca alternativas para a tomada de decisões sobre o curso da ação.

A segunda função fundamental a todo planejamento é a execução, que consiste na realização das tarefas de acordo com o que foi definido, ou seja, colocar em prática as ações e as decisões anteriormente tomadas, seguindo-se à risca a metodologia e a maneira de agir especificadas no plano.

A terceira função é o controle, que, por sua vez, preocupa-se em certificar-se de que as pessoas se comportem de forma harmônica em relação ao plano, utilizando-se, se necessário, a coercitividade para assegurar seu fiel cumprimento.

Por fim, podemos citar a avaliação dos resultados como a função responsável por averiguar os sucessos e os insucessos, o que é essencial para elaboração do próximo planejamento, dando-se início, assim, a um novo ciclo.

Figura 2.1 – Funções do planejamento público

```
┌─────────────────────────┐         ┌─────────────────────────┐
│        Planejar         │   →    │        Executar          │
│ Tomar decisões e traçar │         │ Colocar em prática as    │
│  novos planos e objetivos│        │ decisões e as ações do   │
│                         │         │         plano            │
└─────────────────────────┘         └─────────────────────────┘
            ↑                                    ↓
┌─────────────────────────┐         ┌─────────────────────────┐
│         Avaliar         │   ←    │        Certificar        │
│  Averiguar o resultado, │         │  Fiscalizar se as pessoas│
│  listando-se os sucessos│         │    estão agindo de forma │
│   e os insucessos obtidos│        │       fiel ao plano      │
└─────────────────────────┘         └─────────────────────────┘
```

Tipos de planejamento governamental

O planejamento governamental pode ser tradicional, estratégico ou participativo.

O **planejamento tradicional** é o processo de decisão referente às atividades de determinada área. Nesse tipo de planejamento, a política é coordenada de acordo com os objetivos e as restrições dos recursos. Tende a ser estático, uma vez que retrata uma missão sem considerar as alterações exteriores.

Tendo em vista que a Administração Pública existe para atender às necessidades coletivas, para tanto ela necessita de recursos financeiros, como vimos anteriormente. Esses recursos vêm da própria coletividade por meio do recolhimento dos tributos, entre outros meios.

A sociedade conquistou o direito de conhecer antecipadamente os recursos que o governo arrecadará e aplicará na forma de orçamentos aprovados pelos representantes do povo. Daí surgiu a obrigatoriedade constitucional da Administração Pública de elaborar o planejamento orçamentário mediante a aprovação das leis orçamentárias (Santos, 2010).

No entanto, o planejamento tradicional, mesmo cumprindo funções, pode ser prejudicado em caso de mudanças externas, pois, como já mencionamos, ele é estático.

O **planejamento estratégico**, por sua vez, tem como característica ser sistemático e contínuo, porém com revisões permanentes de acordo com as circunstâncias, isto é, realizadas de forma dinâmica e não estática no decorrer de sua execução. É considerado um aprimoramento do planejamento tradicional.

A seguir, a Figura 2.2 mostra as etapas típicas do planejamento estratégico.

Figura 2.2 – Etapas típicas do planejamento estratégico

Por fim, o **planejamento participativo** se caracteriza pelo processo político com finalidade coletiva, do qual a comunidade participa na construção de seu futuro. Esse tipo de planejamento é mais político, cujas decisões são da maioria da coletividade, como uma espécie de corresponsabilidade.

Apesar da participação da população, o planejamento deve respeitar a metodologia dos outros tipos de planejamento.

Níveis de planejamento

Como vimos, o planejamento é a forma de antecipar o futuro e pode ser tradicional, estratégico ou participativo.

Além disso, qualquer que seja o tipo de planejamento, ele compreende diferentes níveis: operacional, tático e estratégico.

Figura 2.3 – Níveis de planejamento

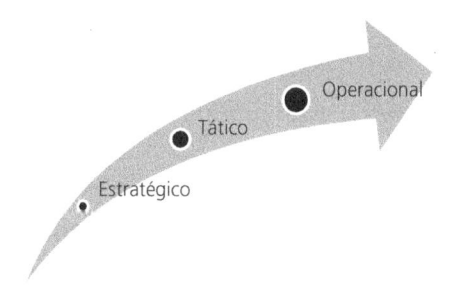

O **planejamento operacional** tem como foco ações de curto prazo. Nele, os planos são mais detalhados e especificados, observando o planejamento estratégico e seguindo a direção do planejamento tático. Nesse nível de planejamento, efetiva-se a ação concretamente e apuram-se os resultados. Na Administração Pública, podemos afirmar que a Lei Orçamentária Anual (LOA) é um planejamento operacional.

O **planejamento tático** é voltado às ações de médio prazo e consiste na elaboração de planos, programas e projetos baseados no planejamento estratégico. No âmbito da Administração Pública, a Lei de Diretrizes Orçamentárias (LDO) caracteriza-se como um planejamento tático.

Por sua vez, o **planejamento estratégico** é aquele que se preocupa com ações de longo prazo, motivo pelo qual demanda ajustes frequentes (Matias-Pereira, 2016). Na Administração Pública, o Plano Plurianual (PPA) exemplifica o nível de planejamento estratégico.

Esse planejamento é elaborado primeiramente para servir de base para os demais planejamentos. Não é uma tarefa fácil fazer um planejamento estratégico, sendo fundamental observar as seguintes dinâmicas:

- sensibilização dos atores envolvidos;
- diagnóstico prévio; e
- organização de oficinas.

Vimos que o planejamento público é movido pelo orçamento, tema que passamos a examinar minuciosamente a seguir.

2.2 Noções gerais de orçamento público

O orçamento público passou por um processo de evolução. Surgiu inicialmente pela necessidade de limitar a arrecadação por ocasião da intervenção mínima do Estado. Depois, com a visão de um Estado que passou a suprir algumas necessidades de seus cidadãos, o orçamento deixou de ser só um instrumento político e passou a ser um instrumento importante para a realização da atividade administrativa do Estado. Por fim, o orçamento público tornou-se um instrumento de planejamento por meio do qual se verifica a arrecadação, se controlam as despesas e se realiza a gestão disso vinculada às necessidades da sociedade, de forma a demonstrar os programas de atuação da Administração Pública, sem perder o viés político, jurídico e econômico.

Assim, o conceito de orçamento após o advento da CF/1988 abrange a estrutura das peças orçamentárias – plano plurianual, diretrizes orçamentárias e orçamento anual – e tem como finalidade o controle e o planejamento.

Conceito de orçamento

O orçamento público é o instrumento de planejamento do Estado no qual são previstas as receitas e estipuladas as despesas por período determinado (Abraham, 2018).

Podemos considerar que o orçamento é o retrato da economia política de um Estado, sendo fundamental para a democracia na figura da LOA, que exerce papel determinante para a realização das políticas públicas.

É uníssono o entendimento de que o orçamento público é essencial em um Estado democrático de direito, constituindo-se em uma forma de fazer cumprir os programas sociais em uma ação conjunta entre Legislativo e Executivo.

Não podemos deixar de lembrar que o orçamento público é uma lei, ou melhor, um conjunto de leis que devem respeitar o processo legislativo, seguindo a técnica prescrita na legislação pertinente, tal como a Lei n. 4.320, de 17 de março de 1964 (Brasil, 1964).

O orçamento público também serve de fundamento legal no momento de decidir em que serão aplicados os recursos. Para tanto, o orçamento acaba assumindo um viés dinâmico, tendo em vista que se adapta às atividades administrativas durante o exercício financeiro.

Trata-se de uma importante ferramenta do Estado democrático de direito, pois se configura como instrumento de democracia que limita o governante quanto aos gastos exacerbados e discricionários e depende da aprovação prévia do Poder Legislativo, que não só o aprova, mas também fiscaliza seu fiel cumprimento. Tal instituto é fruto da evolução social, tendo início na limitação de arrecadação de tributos por parte dos governantes em face de seus súditos* (Abraham, 2018). Depois, surgiram regras para a aplicação de parte desse aporte financeiro (assistência mínima do Estado). Logo, o governante se viu diante da necessidade de ter uma previsão de quanto entraria e de quanto precisaria sair dos cofres públicos, ou seja, instituiu-se o orçamento público.

Quanto às variadas definições de *orçamento público*, há dois grandes grupos que as dividem entre as de viés contábil e as de viés jurídico. É claro que, sendo o objeto sempre o mesmo, as divergências residem apenas no campo da perspectiva, como no caso do conceito proposto por Abraham (2018), que conceitua o orçamento público como um instrumento de planejamento e controle financeiro que é fundamental no Estado democrático de direito.

De outro modo, Baleeiro (1960) o descreve como um ato pelo qual o Poder Executivo prevê e o Poder Legislativo autoriza as despesas dos serviços públicos e os custos da Administração Pública. É nesse ponto que não podemos deixar de perceber que a aprovação do Poder Legislativo impacta de forma direta a criação ou a mantença das políticas públicas, uma vez que não existe lugar no Estado moderno para um orçamento público que não leve em conta os interesses da sociedade (Harada, 2017). O orçamento sempre reflete um plano de ação governamental, sendo, ou devendo ser, um instrumento de representatividade da vontade popular, o que justifica a crescente atuação legislativa no campo orçamentário.

Figura 2.4 – Conceitos de orçamento público

Viés jurídico do orçamento público	Viés contábil do orçamento público
Um instrumento de planejamento e controle financeiro que é fundamental no Estado democrático de direito.	Um ato pelo qual o Poder Executivo prevê e o Poder Legislativo autoriza as despesas dos serviços públicos e os custos da Administração Pública.

* *Súditos* no sentido de "governados", "contribuintes".

Como ensina Deodato (1967), o orçamento é o retrato da economia política e, por meio dele, é possível perceber a evolução do Estado em seus aspectos políticos e culturais.

Por fim, o orçamento público expressa o esforço governamental em atender às demandas da sociedade, gerindo os recursos que advêm de todos os cidadãos, como tarifas de serviços públicos, multas, taxas e contribuições tributárias. Nenhuma despesa pode ser realizada se não estiver previamente autorizada no orçamento, seja do Executivo, seja do Judiciário, seja do Legislativo (Paludo, 2013).

Vale observar que, além de entender o conceito de orçamento público, é preciso considerar que ele está inserido na atividade financeira do Estado, e sua estrutura e sua forma fazem parte de uma etapa do sistema orçamentário, que tem fases anteriores e posteriores à sua elaboração.

Para a melhor compreensão das etapas que antecedem a elaboração do orçamento, assim como de sua execução e de seu controle, faz-se necessário entender os princípios gerais norteadores do direito financeiro e os princípios específicos do orçamento público.

Como vimos, o orçamento público tem implicações políticas, econômicas, administrativas, jurídicas, contábeis, além das concernentes às questões financeiras. Portanto, a elaboração adequada de um orçamento requer um bom planejamento, sob pena de se elaborar um orçamento que não supra as necessidades da Administração Pública ou não consiga ser executado; ao mesmo tempo, o orçamento é o instrumento do planejamento (Matias-Pereira, 2016).

O orçamento público é composto por três leis: Plano Plurianual (PPA), Lei de Diretrizes Orçamentárias (LDO) e Lei Orçamentária Anual (LOA), o que significa dizer que o orçamento público apresenta três planejamentos: a longo prazo o PPA; a médio prazo, a LDO; e a curto prazo, a LOA.

O planejamento é apenas um dos requisitos de um orçamento público eficaz, e é determinante para seu sucesso seguir à risca o que é planejado, ficando claro que, a depender da espécie de orçamento que se tem em mente, as diretrizes do planejamento sofrem mutações, afinal, o objetivo é dar credibilidade e legitimidade ao orçamento.

Houve uma verdadeira evolução no instituto do planejamento desde as primeiras civilizações. A primeira evolução marcante foi a transformação do orçamento clássico ou tradicional (mera peça contábil que considerava um equilíbrio entre despesa e receita) para o orçamento moderno, este com escopo mais amplo, voltado para as necessidades básicas, o custo-benefício e projeções futuras.

No Brasil, usamos o orçamento do tipo orçamento-programa, introduzido no sistema pátrio por força da Lei n. 4.320/1964 (Brasil, 1964) e do Decreto-Lei n. 200, de 25 de fevereiro de 1967 (Brasil, 1967). Ele funciona como um plano de trabalho, tendo como principal característica o estabelecimento de metas e objetivos a serem implantados a curto, médio e longo prazos, além de conter a previsão dos custos relacionados e das receitas utilizadas.

Diferentemente disso, temos uma curiosa espécie de orçamento, o **orçamento de base zero ou por estratégia**. Nesse tipo de orçamento, existe apenas uma análise sistêmica de todas as despesas solicitadas pelos órgãos governamentais e, na fase de planejamento e elaboração, são questionadas as reais necessidades de cada despesa, sem levar em conta nenhuma base inicial, ou seja, sem ponderar os resultados do ano anterior.

Há também o **orçamento de desempenho ou por realizações**, em que o governante começa a se preocupar com o resultado da despesa, e não só com o valor em si; logo, atenta para a eficácia do valor despendido, isto é, para o custo-benefício.

Princípios gerais do direito financeiro

Como já destacamos, o direito financeiro regulamenta as atividades financeiras do Estado e surgiu sistematicamente no Brasil em 1964, com o advento da Lei n. 4.320/1964, que foi recepcionada pela Constituição Federal de 1988.

> Para relembrar: princípio é a base da norma, é o que fundamenta a existência da norma. Pode estar implícito ou explícito no ordenamento jurídico.

O direito financeiro é regido por princípios gerais, quais sejam: da legalidade, da economicidade, da transparência e da responsabilidade fiscal.

Princípio da legalidade

O princípio da legalidade é a obrigatoriedade do Estado de agir no estrito cumprimento da lei, assim como de somente exigir do cidadão ações decorrentes da lei. Nesse sentido, tal princípio é o fundamento do Estado democrático de direito.

A atuação do Estado, por esse princípio, fica restrita à realização das despesas nos termos das leis orçamentárias e implica o fato de que o orçamento deve respeitar o processo legislativo, que depende de uma atuação conjunta entre os poderes Executivo e Legislativo. Assim, exige-se a harmonia entre os poderes e deve-se buscar coibir abusos na utilização de recursos públicos.

Para realizar dispêndios, é necessário obter autorização prévia do Poder Legislativo. Essa autorização decorre de previsão na lei orçamentária ou de abertura de créditos adicionais (Piscitelli, 2018).

Lembramos que o orçamento público traz diretrizes para a Administração, dispõe sobre a distribuição de receitas e despesas e, como lei que é, depende de aprovação do Poder Legislativo. Como é composto de três leis – PPA, LDO e LOA –, todas devem ser submetidas ao processo legislativo; da mesma forma, qualquer alteração orçamentária depende de aprovação do Legislativo, em observância ao princípio da legalidade em comento.

> E se, ao longo do exercício financeiro, surgirem outras despesas que não foram previstas ou cuja previsão tenha sido insuficiente?

Essa é uma situação recorrente e, para solucioná-la sem ferir o princípio da legalidade, faz-se necessária a abertura de crédito adicional. Denomina-se *crédito* porque aumenta as despesas. Esse crédito adicional deve ser feito por lei, uma vez que faz parte da atividade financeira do Estado. Trataremos desse tema no Capítulo 5.

O mencionado crédito adicional se divide em três espécies (Piscitelli, 2018):

1. crédito suplementar: quando se trata de reforço orçamentário;
2. crédito especial: quando ausente a previsão no orçamento;
3. crédito extraordinário: quando se trata de despesa urgente e imprevisível.

Por oportuno, esclarecemos que a LOA pode conter uma autorização genérica de despesa via crédito adicional. A referida previsão garante a observância do princípio da legalidade sem precisar submeter a alteração via processo legislativo, porém, para tanto, em regra, essa autorização prévia se restringe à abertura de créditos se preenchidos alguns requisitos, conforme o art. 167 da CF/1988.

O mencionado dispositivo constitucional preconiza que a abertura de crédito extraordinário somente pode acontecer se o motivo for algo imprevisível e urgente, isto é, diante da ocorrência de guerra ou calamidade pública.

Todavia, não raras vezes, o Poder Executivo tem descumprido a exigência constitucional, em um completo desrespeito ao princípio da legalidade.

Em 2016, por exemplo, foram editadas 12 medidas provisórias autorizando a abertura de créditos extraordinários e que não preenchiam os requisitos do art. 167 da CF/1988.

Curiosidade

Você sabia que a razão do *impeachment* sofrido pela Presidente Dilma Rousseff foi a abertura de crédito suplementar no orçamento público da União sem a devida autorização legislativa?

> Um vez que ela editou decretos de crédito suplementar sem a devida autorização legal, feriu o princípio da legalidade, e tal conduta se enquadrou no crime de responsabilidade.

Princípio da economicidade

O princípio da economicidade está ligado à exigência de o orçamento ser eficiente pelo aspecto econômico, impondo que o Estado utilize o mínimo de recursos financeiros realizando o máximo de políticas públicas em prol da comunidade.

> A frase que resume o princípio da economicidade é: "Fazer mais com menos".

Esse princípio direciona o orçamento na fase de sua elaboração e também durante sua execução, buscando sanar a ineficiência dos gastos públicos.

Exemplificando

Isto é aplicar o princípio da economicidade:
- Determinado prefeito cancelou a impressão do Diário Oficial da cidade, substituindo-a por edições eletrônicas. Com essa atitude, gerou uma economia de R$ 1,5 milhão no orçamento anual.
- Um prefeito determinou que os serviços de transporte de pessoal da Prefeitura fossem feitos por aplicativos, e não por veículos oficiais, economizando R$ 120 milhões ao ano.

Princípio da transparência

O princípio da transparência também é inerente ao Estado democrático de direito e tem o condão de garantir a participação da sociedade na atividade financeira do Estado.

O art. 74 da CF/1988 concede a qualquer pessoa o direito de fiscalizar os gastos públicos e de se insurgir contra irregularidade, podendo denunciá-la ao Tribunal de Contas (órgão responsável por fiscalizar as contas dos órgãos públicos) e ao Ministério Público.

Esse princípio é um facilitador da atuação da comunidade no controle da responsabilidade fiscal dos agentes públicos e encontra supedâneo na Lei de Responsabilidade Fiscal (LRF) – Lei Complementar n. 101, de 4 de maio de 2000 (Brasil, 2000b), que analisaremos nos próximos capítulos.

Em 2016, foram incluídos dispositivos na LRF que corroboram a aplicação do princípio da transparência. Além de afirmar a necessidade da transparência na autuação das atividades administrativas, em especial sobre o orçamento, essa lei passou a incentivar a participação popular nas contas públicas durante o processo de elaboração do orçamento, bem como a exigir que sejam prestadas informações detalhadas sobre a execução orçamentária e financeira.

Por fim, o art. 51 da LRF prevê que a não observância dessa transparência enseja a aplicação de multa.

Curiosidade

Você sabia que o Governo Federal tem o Portal da Transparência para facilitar que o cidadão fiscalize a atuação do gestor público?

Nele constam informações sobre planejamento e orçamento, receitas e despesas, remuneração dos servidores, licitações realizadas, entre outros elementos importantes.

A partir da aprovação da Lei Complementar n. 131, de 27 de maio de 2009, a União, os estados, o Distrito Federal e os municípios estão obrigados a disponibilizar, em meio eletrônico e em tempo real, informações pormenorizadas sobre sua execução orçamentária e financeira (Brasil, 2009).

Verifique se, em seu estado e em seu município, existe o Portal da Transparência.

Princípio da responsabilidade fiscal

Como o nome do princípio sugere, ele fundamenta a Lei de Responsabilidade Fiscal (LRF), que tem o condão de impor regras de condutas na gestão do dinheiro público e sanções aos gestores que agirem em descompasso com a lei, tema que será tratado nos capítulos seguintes.

Além desses princípios gerais da atividade financeira do Estado, abordaremos outros princípios voltados especificamente ao orçamento público.

Figura 2.5 – Princípios administrativos, financeiros e orçamentários

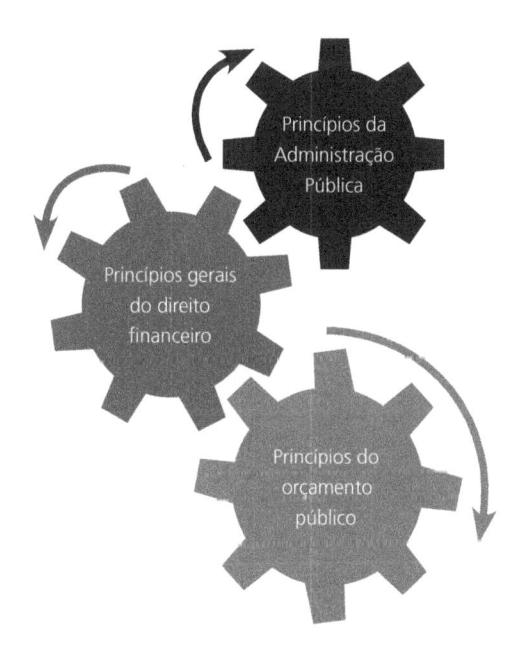

Princípios do orçamento público

Considerando o anteriormente exposto, podemos entender que o orçamento público é de interesse coletivo, uma vez que se trata de uma importante ferramenta diretamente ligada ao Estado democrático de direito. Logo, os princípios que o norteiam servem de balizadores para a criação de normas orçamentárias. Além de obedecer aos princípios gerais da Administração Pública, como legalidade, eficiência, impessoalidade, moralidade e publicidade, e aos princípios gerais do direito financeiro, o orçamento público tem princípios próprios, denominados *princípios orçamentários*.

Os princípios de uma ciência nada mais são do que as proposições básicas, típicas e fundamentais que servem para nortear todas as estruturas subsequentes (Di Pietro, 2007).

O princípio jurídico é como um mandamento nuclear de um sistema, o verdadeiro alicerce, uma disposição fundamental que se irradia sobre todas as normas compondo seu "espírito" e servindo de critério hermenêutico, para sua fiel compreensão e inteligência (Mello, 1973).

Figura 2.6 – Princípios orçamentários

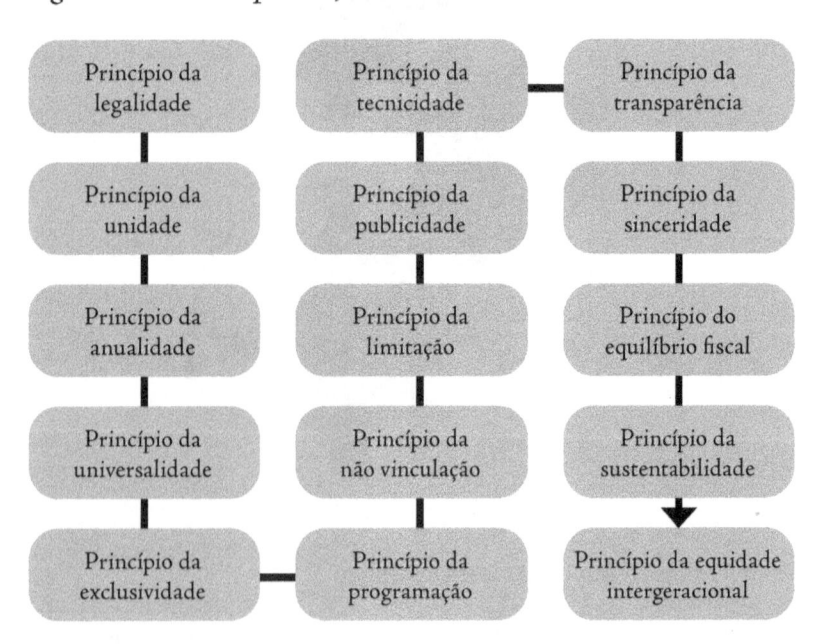

Princípio da legalidade	Princípio da tecnicidade	Princípio da transparência
Princípio da unidade	Princípio da publicidade	Princípio da sinceridade
Princípio da anualidade	Princípio da limitação	Princípio do equilíbrio fiscal
Princípio da universalidade	Princípio da não vinculação	Princípio da sustentabilidade
Princípio da exclusividade	Princípio da programação	Princípio da equidade intergeracional

Princípio da legalidade

O princípio da legalidade, que também é um princípio aplicado no âmbito do direito financeiro de forma geral (como já demonstramos), está previsto no art. 37 da CF/1988 e tem sua aplicação no âmbito público no sentido de obrigar o agente a fazer exatamente o que está previsto em lei, não podendo qualquer ato administrativo existir sem previsão legal. Do mesmo modo, conforme vimos, sendo o orçamento público um ato administrativo, este precisa estar positivado, isto é, deve estar descrito em lei.

O orçamento é composto por três leis (PPA, LDO e LOA), e o art. 165 da CF/1988 determina que é o Poder Executivo quem tem competência para propor todas elas, ou seja, é do Executivo a legitimidade para estabelecer o PPA, a LDO e a LOA, e todas são submetidas ao Poder Legislativo para aprovação ou emenda. As emendas somente podem ser propostas se versarem sobre as situações previstas no art. 166 da Constituição; logo, há restrições para o Poder Legislativo alterar os projetos de lei orçamentárias propostos pelo Poder Executivo, o que abordaremos na sequência.

Contudo, o Poder Executivo propõe as leis orçamentárias, e essas leis, após sua aprovação, vinculam a atuação do próprio Poder Executivo, considerando-se o princípio da legalidade.

O princípio da legalidade limita o poder estatal e garante a indisponibilidade do interesse público, já que afasta a possibilidade da vontade pessoal no trato da coisa pública (Paludo, 2013).

Exemplificando

Se o administrador público autorizar uma despesa sem dotação orçamentária por força de uma ordem judicial, para fornecer remédios ou custear tratamento de saúde de alto custo, por exemplo, esse ato administrativo deixará de ser um ato ilícito, uma vez que dele não se poderia exigir conduta diversa.

Entretanto, como é natural dos princípios, não existe absolutismo, e todos são ponderados, sopesados entre si, visto que, diante do caso concreto, pode acontecer de o gestor público fazer algo que não está previsto na lei (Abraham, 2018).

Princípio da anualidade

De acordo com o art. 2º da Lei n. 4.320/1964, "a Lei do Orçamento conterá a discriminação da receita e despesa de forma a evidenciar a política econômica financeira e o programa de trabalho do Governo, obedecendo aos princípios da unidade, universalidade e anualidade" (Brasil, 1964).

O princípio da anualidade estabelece que o orçamento público (estimativas de receita e previsão de gastos com políticas públicas) deve ter como base um lapso temporal limitado, em geral, um ano, ou o chamado *exercício financeiro*, que corresponde ao período de vigência da lei orçamentária.

Ainda se tratando do diploma legal referido (Lei n. 4.320/1964), seu art. 34 traz a seguinte previsão: "o exercício financeiro coincidirá com o ano civil, ou seja, tem como início o dia 1º de janeiro, e término no dia 31 de dezembro" (Brasil, 1964).

A CF/1988 determina a criação do PPA, que estabelecerá as diretrizes, as metas e os objetivos da Administração Pública. Cabe ressaltar que nenhum investimento cuja execução ultrapasse um exercício financeiro (um ano) pode ser autorizado sem que esteja previsto no PPA ou sem que uma lei autorize a inclusão posterior, sob pena de crime de responsabilidade, conforme descrito no art. 167, parágrafo 1º, da CF/1988 (Silva, 2004).

Diante desse raciocínio, podemos afirmar que o princípio da anualidade sobrevive no sistema com caráter dinâmico, afinal, apesar de o PPA instituir regras sobre a criação de despesas, além dos programas de investimento a longo prazo, ele não é operativo por si só, e sim por meio do orçamento anual.

Princípio da unidade

O princípio da unidade teve sua previsão no bojo da Constituição brasileira de 1946, mais precisamente em seu art. 73, que preconizava a necessidade de que todo o orçamento da União integrasse um único documento, um único arquivo (Brasil, 1946). Com o advento da Constituição Cidadã e, concomitantemente, com a evolução do Estado, ficou bastante óbvia a impossibilidade de levar a literalidade desse princípio adiante, visto que o art. 165, parágrafo 5º, da CF/1988 apresenta uma multiplicidade de documentos orçamentários, como o orçamento fiscal dos Poderes da União, de seus fundos, de órgãos e entidades da Administração Pública direta e indireta, da seguridade social, das fundações criadas e mantidas pelo Poder Público e, claro, das empresas estatais.

Atualmente, o princípio da unidade orçamentária tem outro viés, deixando de lado a unidade documental propriamente dita; porém, mantém-se firme na unidade de orientação política, fazendo com que os orçamentos se estruturem de maneira uniforme, ajustando-se a um método único (Harada, 2017).

Essa concepção de totalidade orçamentária considera os múltiplos orçamentos, que são elaborados de forma individual, devendo ser, ao final, consolidados em um só fundamento, a fim de permitir a fiscalização, a transparência e o desempenho global das finanças públicas (Giacomoni, 2005).

Esse sentido de unicidade foi recepcionado pela CF/1988, sobretudo pela vinculação dos instrumentos orçamentários e dos planos políticos do governo, consolidando os orçamentos fiscal, de investimento das empresas e da seguridade em uma lei orçamentária única, a LOA.

Princípio da universalidade

Diferentemente do princípio da unidade, que diz respeito à forma do documento, o princípio da universalidade se refere ao conteúdo do orçamento, pois prevê a obrigatoriedade de que sejam lançadas* no orçamento as despesas e as receitas de forma bruta, sem deduções, para que se possa dar ao Legislativo a noção exata do que está sendo aprovado.

Esse princípio adquire a característica de "totalização", isto é, transforma-se em fundamento para um orçamento global. Nesse sentido, podemos concluir que o princípio em voga tem como objetivo abarcar todas as despesas e todas as receitas, a fim de não deixar de contabilizar nada, garantindo a integridade e a eficiência do orçamento (Silva, 2004).

Princípio da exclusividade

O princípio da exclusividade está ligado ao conteúdo do orçamento e significa, essencialmente, que o orçamento serve exclusivamente para fixar despesas com base na previsão de receitas, isto é, veda-se a introdução de matérias estranhas ao respectivo orçamento, seja por meio de emendas, seja por requisições das mais variadas fontes. Desde então, esse dispositivo foi recepcionado nas sucessivas Constituições.

A CF/1988 traz uma exceção a esse princípio, qual seja, a autorização de abertura de créditos suplementares e a contratação de operações de crédito, no caráter de antecipação de receita, conforme consta na parte final do parágrafo 8º de seu art. 165. Logo, os créditos suplementares, ou as referidas operações, não podem ser considerados matérias estranhas ao orçamento, tampouco uma mácula ao referido princípio.

---

* *Lançadas* no sentido de "expressas", "demonstradas", "anexadas".

Princípio da programação

Todo orçamento moderno deve ser dotado de um minucioso planejamento, o que implica, *a priori*, a formulação de objetivos e o estudo de alternativas das políticas financeiras governamentais, expondo-se no PPA, de forma expressa, as intenções e as programações das atividades de governo, a fim de nortear o orçamento público. Em um segundo momento, isso implica a redução das alternativas e do plano de políticas públicas, sintetizando-se as opções e definindo-se os caminhos a serem tomados.

Esse orçamento programado, fundamentado, é dotado de elementos essenciais, quais sejam: os objetivos e os propósitos perseguidos pela Administração; os programas, isto é, os instrumentos de integração dos esforços governamentais no sentido da concretização dos objetivos; os custos dos programas; e as medidas de desempenho com a finalidade de medir a eficácia dos esforços destinados à execução dos programas (Giacomoni, 2010).

Assim, podemos entender que o orçamento deve ser elaborado com conteúdo e forma de programação, de modo que os programas de governo de duração continuada constem no PPA, conforme preceituam os arts. 48 e 165 da CF/1988. A programação é tão importante que o Poder Executivo aprova um quadro de cotas das despesas que cada unidade pode utilizar com o objetivo de controlar a execução dos programas a cargo delas.

No orçamento-programa, relacionam-se os meios e os recursos com a finalidade de proporcionar a realização dos objetivos e das metas especificados. Por meio dele, é possível identificar, pormenorizadamente, os gastos com cada um desses projetos e, claro, seus custos, podendo-se, dessa forma, exercer um controle no que tange à eficiência dos programas e dos gastos (Abraham, 2017).

Princípio da não vinculação

O princípio orçamentário da não vinculação, previsto no inciso IV do art. 167 da CF/1988, trata da impossibilidade de atrelar o produto oriundo da arrecadação de impostos a uma destinação específica, ou seja, seu objetivo é garantir liberdade e flexibilidade ao governante para aplicar esses recursos no que for mais conveniente, garantindo, assim, os recursos necessários para as despesas que forem surgindo ao longo do mandato, como as urgentes, as imprevistas e as extraordinárias.

Apesar de o princípio da não vinculação estar previsto na CF/1988, também constam no mesmo texto legal algumas exceções. Por exemplo, não se integra a esse rol de proibições o produto da arrecadação dos impostos previstos nos arts. 158 e 159 da CF/1988, nem a destinação de recursos para ações e serviços da saúde, para a manutenção e o desenvolvimento do ensino e para a realização de atividades da administração tributária (Harada, 2017).

A não vinculação se verifica apenas na seara dos impostos, pois as taxas e as contribuições não estão atreladas a esse princípio (Paludo, 2013). No entanto, tal afirmação deve ser considerada com reservas em razão do disposto nos arts. 76, 76-A e 76-B do Ato das Disposições Constitucionais Transitórias (ADCT).

No que se refere às contribuições, que são uma espécie de tributo cuja característica é ser vinculada ao seu fato gerador, no ano de 2000, por meio da Emenda Constitucional n. 27, de 21 de março de 2000 (Brasil, 2000a), foi introduzida no art. 76 do ADCT a desvinculação de recursos da União (DRU), que é uma desvinculação de um percentual dos impostos e também das contribuições cobradas pela União e que, por força dos arts. 76-A e 76-B citados, passou a ser aplicada também para os estados, o Distrito Federal e os municípios, no montante de 30%, para os quais a desvinculação ocorrerá até 31/12/2023.

Princípio da limitação

O princípio da limitação orçamentária condiciona a autorização de despesas e a utilização de créditos ao valor previsto no orçamento. Estabelecido no art. 167 da CF/1988, veda o início de programas ou a realização de projetos que não estão incluídos na LOA; no mesmo sentido, proíbe a realização de operações de crédito que ultrapassem o importe das despesas de capital (ressalvadas as autorizadas mediante créditos suplementares ou especiais com finalidade precisa) e, ainda, veda a transferência de recursos de uma categoria no orçamento-programa para outra, ou mesmo de um órgão para outro, sem que esteja previamente autorizada pelo Poder Legislativo (Abraham, 2017).

> Você notou que o princípio da limitação está ligado ao princípio da legalidade? O limite está previsto na lei.

Outro dispositivo legal que preconiza o princípio da limitação é a LRF, que, em seu art. 1º, parágrafo 1º, prevê que o governante deve obedecer aos limites quanto à renúncia de receita, bem como no tocante à geração de despesas com pessoal, operações de crédito, seguridade social e inscrição com restos a pagar (Brasil, 2000b), o que veremos no Capítulo 4.

Princípio da publicidade

O princípio da publicidade é um princípio da Administração Pública, previsto no art. 37 da CF/1988, que é aplicado também ao orçamento público, já que diz respeito à obrigação de dar publicidade a todos os atos do gestor, levando-os ao conhecimento da coletividade, e o orçamento é um dos elementos essenciais da atividade financeira, portanto ato da Administração Pública.

O princípio da publicidade confere transparência à gestão e possibilita que qualquer pessoa questione e fiscalize toda a atividade administrativa.

Esse princípio foi novamente trazido à baila para subsidiar o orçamento pela CF/1988, em seu art. 165, parágrafo 3º, que dispõe, em síntese, sobre a obrigatoriedade de o Poder Executivo publicar, até 30 dias após o encerramento de cada bimestre, o relatório resumido da execução orçamentária. Além disso, o parágrafo 6º do mesmo dispositivo estabelece a obrigatoriedade de o projeto da lei orçamentária estar acompanhado de um demonstrativo regionalizado, contemplando as receitas e as despesas que decorrem de isenções, anistias, remissões, subsídios e benefícios financeiros, tributários e creditícios. No ano 2000, esse entendimento foi fortalecido por vários dispositivos da LRF.

A publicidade torna mais transparente o valor, a destinação e a utilização dos recursos orçamentários e demonstra onde, como, em que e para que foram utilizados os recursos públicos, além de contribuir para a busca pela eficiência, afinal, torna possível a fiscalização pelos órgãos de controle e, principalmente, pela sociedade.

> Com base no exposto, parece que os princípios da publicidade e da transparência são iguais, mas não são.

O **princípio da publicidade** refere-se à divulgação do orçamento pelos meios oficiais, dando publicidade e acesso ao seu teor, enquanto o **princípio da transparência** tem seu escopo voltado para o conteúdo do orçamento propriamente dito, de modo a evitar previsões obscuras, despesas camufladas, renúncias fiscais duvidosas, prevenindo a execução de manobras pelos executores para atender a interesses diversos (Abraham, 2017).

Podemos notar a importância desse princípio pois, apesar de previsto em caráter geral entre os princípios estabelecidos para a Administração Pública no art. 37 da Carta Magna, esta também determinou sua observância relativamente aos projetos de leis orçamentárias, disciplinando o tema no art. 166, parágrafo 7º, na seção específica do orçamento (Harada, 2017).

Princípio da tecnicidade

O princípio da tecnicidade impõe que o orçamento público obedeça à regra de formato, comportando características que tornem possível ao usuário uma ampla compreensão.

As regras a serem observadas são três:

1. uniformidade ou padronização na apresentação dos dados, permitindo-se ao usuário realizar comparações e análises;
2. clareza na evidenciação do conteúdo;
3. especificação na classificação e na designação das informações, priorizando-se a identificação de todas as rubricas de receitas e despesas, a serem apresentadas de maneira analítica e detalhada (Abraham, 2017).

Embora se trate de uma exigência técnica, esta não pode dificultar que a sociedade compreenda o orçamento.

Princípio da transparência

O princípio da transparência também é conhecido como *princípio da clareza* e significa que o orçamento público deve ser de fácil compreensão, não podendo utilizar-se de tecnicidades com o intuito de esconder ou ludibriar a quem tenta entender e estudar o plano.

> Você percebeu que o princípio da transparência está ligado ao princípio da tecnicidade?

Cabe ao Executivo estabelecer mecanismos de pesquisa que possibilitem ao cidadão o acesso e a compreensão dos dados relativos à execução orçamentária.

Ressaltamos, aqui, a importância desse princípio, que tem o condão de possibilitar o exercício de cidadania no controle e na fiscalização dos gastos públicos.

Em termos de clareza, os orçamentos brasileiros tiveram progresso, especificamente com a implementação do orçamento programado, que reúne informações fundamentais relacionadas às perspectivas de investimento (Alves Neto, 2006). Antes disso, não era possível identificar a gama de intenções dos gastos do governo.

Princípio da sinceridade

O princípio da sinceridade tem a missão de coibir os orçamentos considerados "peças de ficção", ou seja, os que não condizem com a realidade, afinal, o orçamento precisa ser sincero*, demonstrando a realidade fática, econômica e social.

Se o orçamento prevê receitas "superinfladas"** e despesas inexequíveis***, geralmente motivado por fins eleitoreiros ou interesses pessoais, sem dúvida será prejudicial à Administração Pública e, consequentemente, ao interesse coletivo.

Com fulcro nos princípios da moralidade, da legalidade, da transparência e do planejamento orçamentário, o princípio da sinceridade busca um ideal de boa-fé daqueles que elaboram, aprovam e executam o orçamento público.

Na Ação Direta de Inconstitucionalidade n. 4.663, de 15 de outubro de 2014, o Ministro Marco Aurélio Mello, do Supremo Tribunal Federal (STF), afirmou em seu voto, em tom de crítica, que a inexequibilidade do orçamento faz com que a lei orçamentária ganhe contornos de faz de conta (Abraham, 2017). Diante desse contexto, podemos concluir que, se um orçamento é elaborado sem a menor possibilidade de ser executado, é notório que desrespeitou o princípio da sinceridade.

---

* *Sincero* no sentido de "ser realista", "condizer com a verdade, com a situação fática".

** *Superinfladas* no sentido de "supervalorizadas", "aumentadas", "inflacionadas".

*** *Inexequíveis* no sentido de "impossíveis de serem executadas", "inviáveis".

Princípio do equilíbrio fiscal

Quando se fala em orçamento, é bastante óbvia a necessidade de manter as despesas abaixo das receitas, e é exatamente disso que esse princípio trata, porém com maior complexidade (Abraham, 2017). O equilíbrio do orçamento público concentra-se na relação de equivalência entre o quantitativo das despesas autorizadas e o volume da receita arrecadada, ou melhor, prevista para o exercício. Chegou a ser fortemente combatido após a crise econômica de 1929, contudo foi recepcionado pela Constituição brasileira de 1967, mas foi suprimido pela Emenda Constitucional n. 1/1969. Esse princípio está intimamente ligado à estabilidade financeira do Estado e é um dos pilares do crescimento estatal.

Ocorre que a observância a esse princípio é rebatida por alguns doutrinadores por entenderem que não deve nem pode a Constituição Federal impor o fiel equilíbrio orçamentário, já que este depende de circunstâncias casuísticas, ou seja, de fatores econômicos das mais diversas naturezas (Harada, 2017). Uma eventual positivação nesse sentido poderia ensejar o desprestígio da Carta Magna, uma vez que esse dispositivo não teria poder fático para vincular os legisladores ordinários.

Atualmente, prevalece o pensamento de que não concerne à economia controlar o orçamento, ao contrário, cabe ao orçamento equilibrar a economia, ou seja, o verdadeiro equilíbrio, no âmbito orçamentário, não deve ser entendido como um fim em si mesmo, mas como uma forma de desenvolvimento da nação.

Princípio da sustentabilidade orçamentária

Antes de tratarmos de sustentabilidade orçamentária, é importante esclarecermos a distinção entre esse princípio e o do equilíbrio financeiro. De forma geral, o equilíbrio financeiro é a mera operação matemática para equacionar as receitas com as despesas e tem como objetivo chegar ao final com déficit ou superávit. Diferentemente disso, a sustentabilidade orçamentária diz respeito à necessidade de que o orçamento seja durável, isto é, trata-se de verificar se o plano, ou a programação orçamentária, conseguirá sustentar-se para além da própria vigência, se será sustentável a médio e longo prazos, de forma a não comprometer as despesas, ou seja, os investimentos que serão necessários a longo prazo.

A questão do equilíbrio financeiro deve ser analisada sob a ótica da sustentabilidade financeira, não sendo suficiente empatar a receita e a despesa em um exercício fiscal (Scaff, 2014).

Princípio da equidade intergeracional

O princípio da equidade intergeracional é o complemento do princípio da sustentabilidade, visto que um orçamento sustentável não compromete o orçamento seguinte.

Por esse princípio, visa-se não sobrecarregar as gerações futuras com dívidas das gerações passadas, fato que ocorre quando se elaboram reiteradas vezes orçamentos que não são sustentáveis (Abraham, 2018). Isso significa que uma geração deve viver dentro dos limites de seus recursos para não comprometer a geração que elaborará os próximos orçamentos.

Um orçamento sério busca atender às necessidades atuais dos cidadãos sem comprometer os orçamentos futuros, respeitando todos os princípios, mas, de forma especial, primando pelo equilíbrio e pela sustentabilidade financeira, que são os princípios orçamentários estruturantes.

Elaborar um orçamento assim demonstra prudência na gestão da dívida pública e assegura e distribui com equidade os benefícios e os custos sem macular os orçamentos futuros (Abraham, 2018).

2.3 Leis orçamentárias

A Constituição Federal de 1988 dispõe, em seu art. 165, sobre a necessidade de elaboração das três leis orçamentárias, quais sejam, o Plano Plurianual (PPA), a Lei de Diretrizes Orçamentárias (LDO) e a Lei Orçamentária Anual (LOA).

Observado o princípio da simetria das normas constitucionais*, a União, os estados e os municípios devem seguir o mesmo rito, conforme previsão na Constituição de cada unidade federativa e na lei orgânica de cada município, respeitados os princípios dispostos na CF/1988.

Por se tratar de leis que se sujeitam aos procedimentos especiais, podemos afirmar que são de iniciativa legislativa vinculada, ou seja, a lei determinará o prazo para que a autoridade competente tome as providências necessárias quanto à remessa do referido projeto ao Poder Legislativo, e, nos termos do art. 84, inciso XXIII, da CF/1988, a iniciativa é de competência privativa do chefe do Poder Executivo, ou seja, o chefe do Executivo é que deve enviar a remessa do projeto de lei orçamentária ao Poder Legislativo.

Por fim, é categórico o art. 166 da CF/1988 ao acrescentar que essa remessa deve ser feita nos termos da lei complementar a que se refere o art. 165, parágrafo 9º, a qual fixará o exercício financeiro, a vigência da lei orçamentária, os prazos e os moldes de sua elaboração, qual seja, a Lei n. 4.320/1964.

Ao se remeter a proposta ao Poder Legislativo, ela será apreciada na forma do regimento comum por uma comissão mista, que, ao final da apreciação, emitirá pareceres.

As leis orçamentárias têm regras quanto à possibilidade de serem emendadas pelo Legislativo. O PPA não pode sofrer aumento de despesa. A LDO pode sofrer emendas, mas estas devem estar em

---

* O princípio da simetria constitucional é o princípio federativo que exige uma relação simétrica entre os institutos jurídicos da Constituição Federal e os das Constituições dos estados-membros.

consonância com o PPA. A LOA pode sofrer emendas, mas estas devem ser compatíveis com o PPA e a LDO e indicar os recursos que suportem a alteração, admitindo-se a anulação de despesas, bem como servem para corrigir erros e omissões do projeto de lei.

> Você pode estar pensando: E se o Legislativo rejeitar na íntegra o projeto das leis orçamentárias?

As leis orçamentárias, regra geral, não podem ser rejeitadas, e sim emendadas, respeitando-se os limites já explicados. No entanto, quanto à LOA, conforme previsto no parágrafo 8º do art. 166 da CF/1988, é possível haver rejeição. Assim, podemos concluir que qualquer ato do Legislativo que desrespeite isso é considerado pelo Tribunal de Contas como anomalia jurídica:

> CONSULTA – PREFEITURA MUNICIPAL – LEI DE DIRETRIZES ORÇAMENTÁRIAS (LDO) – REJEIÇÃO PELO LEGISLATIVO – ANOMALIA JURÍDICA – RENÚNCIA DO PODER-DEVER – INADMISSIBILIDADE – NÃO CONFIGURAÇÃO DE ÓBICE AO REPASSE DE RECURSOS AO PODER LEGISLATIVO – LDO COMO PRESSUPOSTO LÓGICO E JURÍDICO DA LEI ORÇAMENTÁRIA ANUAL (LOA) – IMPEDIMENTO À APROVAÇÃO DA LOA. A rejeição da Lei de Diretrizes Orçamentária-LDO pelo Legislativo Municipal: 1) não influi na obrigatoriedade de o Executivo efetuar os repasses ao Poder Legislativo, que deverão ser efetuados na forma prevista na Constituição. 2) impede a aprovação da lei orçamentária anual, em razão da sistemática orçamentária, que faz da lei de diretrizes orçamentárias seu pressuposto lógico e jurídico.

> [...]
> O Poder Legislativo tem a prerrogativa de emendar o projeto da LDO nos limites previstos na Constituição e interpretados pelo STF na ADI-1050-MC, Ministro Celso de Mello, DJ de 23/04/2004.
> A não aprovação da LDO, portanto, consiste em anomalia jurídica, configurando grave omissão do Poder Legislativo e inaceitável renúncia de seu poder-dever de representar a sociedade na formulação de políticas públicas, bem como de exercer o controle externo do Executivo. (Minas Gerais, 2013)

Clara é a necessidade de aprovação das referidas propostas, tanto que, no caso da LDO, está expresso no art. 57, parágrafo 2º, da CF/1988 que "A sessão legislativa não será interrompida sem a aprovação do projeto de lei de diretrizes orçamentárias" (Brasil, 1988).

Quanto à LOA, essa possibilidade de rejeição reforça a prerrogativa mais importante do Poder Legislativo, que é a da apreciação, do voto, do debate, da aprovação ou rejeição da lei. Contudo, não podemos deixar de salientar tamanha inconveniência trazida pela rejeição de uma LOA. Por vezes isso ocorre, principalmente em âmbito municipal, em que os vereadores, por questões políticas ou mesmo em retaliação ao prefeito, rejeitam a LOA.

É preciso ressaltar que a rejeição da referida lei, pelo simples fato de se discordar das decisões tomadas pelo Executivo, não se justifica.

A principal consequência ante a rejeição do projeto da LOA é que a Administração fica sem orçamento, afinal, não se pode aprovar outra proposta no mesmo exercício financeiro. Claro que a Constituição dá uma solução possível, dentro da técnica do direito orçamentário, e a saída é trazida pelo art. 166, parágrafo 8º, o qual determina que os recursos que ficarem sem despesas correspondentes poderão ser utilizados, conforme o caso, na forma de créditos especiais ou suplementares, desde que com autorização legislativa prévia.

Figura 2.7 – Sequência do processo legislativo para a aprovação das leis orçamentárias: PPA, LDO e LOA

INICIATIVA DO PODER EXECUTIVO – ART. 165 DA CF/1988
Projeto de lei orçamentária

⬇

ENVIO DO PROJETO PARA O LEGISLATIVO – § 2º DO ART. 35 DO ADCT
PPA: 4 meses do encerramento do primeiro exercício financeiro – 31/08 do 1º ano do mandato
LDO: 8 meses e meio antes do encerramento do exercício financeiro – 15/04
LOA: 4 meses antes do encerramento do exercício financeiro – 31/08

⬇

ANÁLISE DA COMISSÃO – ART. 166 DA CF/1988	
PPA: art. 63, I, CF/1988	Não pode sofrer emendas do Legislativo para aumentar as despesas.
LDO: ART. 166, § 4º, CF/1988	É possível sofrer emendas, mas devem ser compatíveis com o PPA.
LOA: ART. 166, § 3º, CF/1988	É possível sofrer emendas, mas devem ser compatíveis com o PPA e a LDO e indicar os recursos que suportem a alteração, admitindo-se a anulação de despesas; é possível corrigir erros e omissões do projeto de lei.

⬇

DEVOLUÇÃO DAS LEIS ORÇAMENTÁRIAS
PPA: até 22 de dezembro.
LDO: 17 de julho de cada ano.
LOA: 22 de dezembro de cada ano.

Plano Plurianual (PPA)

O PPA tem um viés de programação político-econômica, afinal, o orçamento, por si só, não bastaria para assegurar a execução de um plano de governo como um todo, o que, normalmente, implica a execução de obras e serviços de duração prolongada.

Conforme disposto no parágrafo 1º do art. 165 da CF/1988, o PPA estabelecerá, de forma regionalizada, as diretrizes, os objetivos e as metas da Administração Pública federal para as despesas de capital e outras delas decorrentes, bem como para as relativas aos programas de duração continuada (Harada, 2017).

Essa lei é responsável pelo planejamento estratégico da Administração Pública no longo prazo, impactando a elaboração da LDO (planejamento tático) e da LOA (planejamento operacional). Por isso, tem vigência de quatro anos, iniciando no segundo ano do mandato presidencial e encerrando no fim do primeiro ano do mandato seguinte, conforme previsto no artigo 35, parágrafo 2º, do ADCT.

Com o advento da CF/1988, os PPAs apresentaram inovações em dois pontos importantes: o primeiro é a possibilidade de participação da sociedade, por meio de seus representantes (Legislativo), na formulação da base estratégica do plano, na fase de desenvolvimento dos objetivos de longo prazo.

Essa característica do PPA, de uma programação global, a longo prazo, impõe uma regra de que nenhuma despesa cuja execução ultrapasse um exercício financeiro pode ser iniciada sem que haja prévia inclusão em seu texto; proceder de outra forma acarretará crime de responsabilidade, conforme art. 167, parágrafo 1º, da CF/1988.

Para que o PPA possa ser elaborado, faz-se necessário definir as diretrizes, os programas e os indicadores.

> Podemos, de forma simplificada, definir esses termos da seguinte maneira:
> - **Diretrizes** – São direções macro, detalhadas em objetivos de longo prazo. É o conjunto de programas, ações e decisões orientadoras da formulação geral do plano de governo.
> - **Programas** – São os instrumentos das diretrizes e devem estabelecer os objetivos. Integram tanto o PPA quanto o orçamento.

- **Objetivos** – São as questões do detalhamento do programa que deverão ser atendidas para concretizar as diretrizes. Indicam os resultados pretendidos pela Administração Pública.
- **Ações** – São as iniciativas necessárias para cumprir os objetivos dos programas e devem estabelecer as metas.
- **Metas** – São os objetivos quantificados, pois representam a mensuração quantitativa e qualitativa das ações do governo que evidenciam o que se pretende fazer e qual é a parcela da população a ser beneficiada com cada ação.
- **Indicadores** – São os dados estatísticos e/ou econômicos para a elaboração das metas.

Tabela 2.1 – Exemplo de metas a serem previstas no PPA

Produto	Unidade de medida	Meta física				
		2018	2019	2020	2021	Total
722 – Bens permanentes adquiridos e entregues no prazo	Outras unidades e medidas	R$ 344,00	R$ 344,00	R$ 332,00	R$ 312,00	R$ 1.332,00
Vínculo		**Meta financeira**				
		2018	2019	2020	2021	Total
0 – Recursos ordinários ex. corrente		530.000,00	583.000,00	641.300,00	706.130,00	2.460.430,00
501 – Receita de alienação de ativos		162,75	175,77	70.180,83	205,02	70.733,37
	Subtotal	530.162,75	583.175,77	711.480,83	706.335,02	2.531.163,37

Tabela 2.2 – Exemplo de ações a serem previstas no PPA

Ação: 1003 – Modernizar a tecnologia da informação para execução do programa
Tipo: Projeto Orçamentário

Produto	Unidade de medida	Meta física				
		2018	2019	2020	2021	Total
704 – Licenças de soluções de TI renovadas	Outras unidades e medidas	2.410,00	2.410,00	2.410,00	2.410,00	9.640,00

Vínculo		Meta financeira				
		2018	2019	2020	2021	Total
0 – Recursos ordinários ex. corrente		4.653.761,90	5.119.138,09	5.631.051,90	6.194.157,09	21.598.108,98
	Subtotal	4.653.761,90	5.119.138,09	5.631.051,90	6.194.157,09	21.598.108,98

Tabela 2.3 – Exemplo de ações a serem previstas no PPA

Ação: 2017 – Manutenção do mobiliário geral
Tipo: Atividade

Produto	Unidade de medida	Meta física				
		2018	2019	2020	2021	Total
717 – Mobiliários reformados	Outras unidades e medidas	2.250,00	3.000,00	3.750,00	4.500,00	13.500,00

Vínculo		Meta financeira				
		2018	2019	2020	2021	Total
0 – Recursos ordinários ex. corrente		20.000,00	22.000,00	25.000,00	27.000,00	94.000,00
	Subtotal	20.000,00	22.000,00	25.000,00	27.000,00	94.000,00

A lei orçamentária denominada PPA é um planejamento de ações do governo para quatro anos, ou seja, para o segundo ano da gestão até o primeiro ano da gestão seguinte, e nenhum investimento pode ser iniciado sem prévia inclusão nessa lei, sob pena de crime de responsabilidade.

Lei das Diretrizes Orçamentárias (LDO)

A LDO está prevista no inciso II do art. 165 da CF/1988 e tem vigência de um ano, isso porque ela deve incluir as despesas de capital para o próximo exercício financeiro, além de orientar a elaboração da LOA, como preconiza o parágrafo 2º do mesmo artigo.

Como vimos, nos termos do parágrafo 2º do ADCT, deduz-se que a LDO deve anteceder a LOA e ser remetida ao Poder Legislativo até 15 de abril, independentemente da esfera da Administração.

Podemos entender que a LDO é um plano prévio, fundado em considerações econômicas e sociais, para a ulterior elaboração da proposta orçamentária do Executivo, do Legislativo, do Judiciário e do Ministério Público (Torres, 2005).

Um dos principais aspectos da LDO é que o projeto deve destacar do PPA as metas e os objetivos do plano, a fim de orientar a elaboração da LOA, para que, de forma gradual, possam ser alcançados os objetivos de longo prazo, trazidos pelo plano de quatro anos (PPA).

Assim, para que as metas e as prioridades da Administração Pública sejam incluídas na LDO, elas devem constar no PPA. Vejamos um exemplo na tabela a seguir.

Tabela 2.4 – Exemplo de metas a serem previstas na LDO

Órgão: 04 – Secretaria Municipal de Administração – Semad
Unidade: 004 – Departamento de Tecnologia da Informação e Comunicação
Programa: 0060 – Gestão Estratégica
Proj./Ativ.: 1003 – Modernizar a tecnologia da informação para a execução do programa

Cód. ação	Descrição	U. med.	Meta física	V. vinc.	V. ordinário	Total
1003	Modernizar a tecnologia da informação para a execução do programa	Outras	2410,0000	0,00	2.978.460,62	2.978.460,62

Produto:
704 – Licenças de soluções de TI renovadas

		Total do projeto/atividade		0,00	2.978.460,62	2.978.460,62
		Total do programa		0,00	2.978.460,62	2.978.460,62
		Total da unidade		0,00	2.978.460,62	2.978.460,62
		Total do órgão		4.723,20	80.298.706,66	80.298.706,66

Órgão: 05 – Secretaria Municipal de Educação – Semed
Unidade: 001 – Departamento de Administração
Programa: 0074 – Ensino com Qualidade
Proj./Ativ.: 2022 – Manter e ampliar o programa de alimentação escolar para educação de jovens e adultos.

Cód. ação	Descrição	U. med.	Meta física	V. vinc.	V. ordinário	Total
2022	Manter e ampliar o programa de alimentação escolar para a educação de jovens e adultos	Pessoas	215,0000	25.000,00	0,00	25.000,00

Importante destacar que, além da previsão constitucional da elaboração da LDO, a LRF também disciplina de maneira detalhada os objetivos e as características dessa lei orçamentária em seu art. 4º. É nele que está previsto que a LDO deve dispor sobre o equilíbrio entre receita e despesas; a definição dos critérios e da forma de limitação de empenho; o controle de custos e a avaliação dos resultados dos programas financiados com recursos dos orçamentos; as condições para transferir recursos a entidades públicas e privadas, além dos riscos fiscais (Piscitelli, 2018).

Outra importante atribuição da LDO são as tratativas de alteração na legislação tributária, pois, uma vez que a arrecadação tributária é uma importante fonte de receitas públicas, estas que trazem forte impacto no orçamento público.

Lei Orçamentária Anual (LOA)

A LOA é o orçamento propriamente dito, uma lei de caráter anual, com vigência de um ano, que deve ser encaminhada ao Poder Legislativo até o dia 31 de agosto de cada ano. Trata-se de um documento fundamental e básico para que o Estado possa exercer sua atividade financeira.

A LOA deve conter a previsão de todas as receitas e a fixação de todas as despesas do respectivo exercício financeiro, isso para os três poderes (Legislativo, Judiciário e Executivo), de todas as entidades da Administração direta e indireta, inclusive as fundações públicas, assim como todas as despesas relativas à dívida pública, mobiliária ou contratual.

Segundo a CF/1988, mais precisamente em seu art. 165, parágrafo 6º, o projeto de lei orçamentária, necessariamente, deve ser acompanhado de um estudo de efetividade, na forma de demonstrativo, que contemple todas as receitas e as despesas decorrentes de isenção, anistia, remissão, benefícios de natureza financeira e subsídios fiscais. Isso porque, sempre que houver uma renúncia fiscal, ela deverá ser compensada com aumento de receita ou redução de despesas, de modo que o impacto orçamentário possa ser estudado e analisado (Abraham, 2017).

O projeto da LOA também deve contemplar a **reserva de contingência**, que nada mais é do que destinar recursos suficientes para arcar com os riscos previstos na LDO.

Na LOA, todas as receitas devem estar vinculadas às despesas específicas em seus exatos valores, conforme determina o art. 5º, parágrafo 1º, da LRF, podendo ocorrer duas exceções, já mencionadas neste livro, quais sejam: abertura de crédito suplementar e realização de operações de crédito que poderão ser autorizadas na LOA.

> Como na LOA, em regra, apenas constariam receitas e despesas e ainda todas as receitas teriam despesas correspondentes, caso faltassem recursos para implementar uma política pública, por exemplo, o gestor não teria como conseguir recursos se não fosse a possibilidade de abrir crédito suplementar ou realizar operação de crédito.

Podemos afirmar que o disposto na CF/1988 no que concerne à LOA são os princípios da previsão de receitas e de fixação de despesas. Contudo, em virtude da oscilação inflacionária que acometeu a economia nas últimas décadas, tornou-se praxe a inserção no projeto de cláusula que permita a autorização para o Executivo corrigir as dotações, periodicamente, de acordo com os índices inflacionários.

Importante observar que, apesar de constar na LOA a destinação de todas as receitas previstas, o Poder Executivo não tem obrigação de exaurir todas as receitas, o que demonstra, mais uma vez, a natureza autorizativa do orçamento, pois, em geral, não há uma imposição. A exceção a isso são as chamadas *emendas impositivas*, que examinaremos na sequência.

Lembramos que o orçamento da Administração Pública é composto pelas três leis orçamentárias. Diante disso, a LRF determina, no parágrafo 5º de seu art. 5º, que os investimentos devem estar em consonância com as disposições do PPA.

Tabela 2.5 – Exemplo de previsão de receitas e despesas na LOA

Órgão: 04 – Secretaria Municipal de Administração – Semad						
Unidade: 004 – Departamento de Tecnologia da Informação e Comunicação						
0004.0122.0060.1003 – Modernizar a tecnologia da informação para a execução do programa						
Código	Especificação	Elemento da Despesa	Modalidade de ampliação	Grupo de despesas	Categoria econômica
339040000000 00000000000	Serviços de tecnologia da informação Recursos ordinários (livres)	4.808.148,56			
				Total da ação	5.320.741,54
				Total da unidade	5.320.741,54
				Total do órgão	85.292.830,63
Órgão: 05 – Secretaria Municipal de Educação – Semed						
Unidade: 001 – Departamento de Administração						
0004.0122.0074.6004 – Manter e ampliar o programa de alimentação escolar						

Ressaltamos que o PPA é um instrumento estratégico de longo prazo, que estabelece os rumos e as metas que serão buscadas, ao passo que a LDO se constitui em um elo entre o PPA e a LOA, uma vez que define prioridades e caminhos a serem tomados, contidos no PPA, e os direciona para a LOA. Assim, podemos entender que o PPA é a estratégia e a LDO é a tática.

A LOA, por sua vez, consiste na lei que elenca todas as despesas e receitas públicas e define os objetivos para o exercício. Ocorre que a chancela dada pelo Legislativo não obriga o Executivo, porque as despesas contidas na referida lei dependem de aprovação plenária no sentido de serem ou não "autorizadas".

Uma vez que a lei é autorizada pelo Legislativo, não significa que o Executivo fica obrigado a exaurir as receitas previstas nas diferentes dotações. Pode haver, inclusive, uma mudança por parte do governante no tocante à definição de prioridades, reformulando-se a política de ação do governo. É rotineira a realocação de verbas por meio de remanejamento e abertura de créditos adicionais suplementares a determinada despesa.

Assim, podem existir diferenças enormes entre o que foi orçado e o que efetivamente foi executado. Nesse sentido, há de se pensar que as realocações costumeiras de recursos previstos na lei orçamentária demonstram, no mínimo, uma incapacidade do governo no planejamento da ação governamental de longo prazo (Harada, 2017).

O orçamento autorizativo permite realocar recursos, exaurir fontes e redefinir prioridades, para ajustar a lei diante de acontecimentos cotidianos.

O caráter impositivo do orçamento ocorre em dois momentos distintos: o primeiro acontece na **elaboração da LOA** (de que trataremos a seguir), e o segundo nas **emendas impositivas** (que analisaremos na próxima seção).

A CF/1988 contém dispositivos de caráter impositivo para a elaboração da LOA, os quais, apesar de não prescreverem a utilização obrigatória de verbas consignadas na LOA, atribuem natureza obrigatória quanto às despesas, estabelecendo percentuais mínimos das receitas correntes líquidas para serem utilizados em determinados setores.

Exemplo clássico é o setor da educação, que tem garantia constitucional de investimento de 18% da receita resultante de impostos, compreendida a proveniente de transferências, e 25%, em se tratando dos estados-membros e dos municípios.

Seu descumprimento pode ensejar crime de responsabilidade previsto no art. 85 da CF/1988, que trata da responsabilidade do presidente da República e se aplica aos chefes do Executivo de todos os entes da Federação.

Importante concluir, sobre esse primeiro momento de imposição orçamentária, que essas regras servem como balizas para a criação do projeto de lei orçamentária, diferentemente das emendas a esse projeto, por parte do Poder Legislativo, que ocorrem somente na apreciação do projeto já encaminhado.

> *Curiosidade*
>
> No ano de 2020, foi possível verificar essas implicações no orçamento de modo claro.
>
> No final de 2019, o mundo foi surpreendido com uma doença que rapidamente mudou a vida das pessoas, caracterizando-se a denominada *pandemia de Covid-19*. O novo coronavírus se expandiu em todos os continentes, causando muitas mortes e trazendo o caos para a saúde pública mundial. Com o intuito de conter a contaminação, foram adotadas medidas de isolamento social, restringindo-se o comércio em geral, *shows*, eventos e toda sorte de situações que geram aglomeração de pessoas. Fronteiras foram fechadas de modo a impedir a livre circulação de pessoas e restringir a circulação de produtos entre países e até entre estados-membros.
>
> Tudo isso gerou, além da guerra no campo da saúde pública, uma guerra na esfera econômica.
>
> Nesse cenário, foi necessária a implementação de novas políticas públicas na área de saúde e também com o fim de minimizar as dificuldades econômicas dos nacionais, o que abalou drasticamente os orçamentos públicos.
>
> No Brasil, tanto no âmbito federal quanto no estadual e no municipal, as metas e os riscos fiscais precisaram ser adaptados para o cenário de calamidade pública, e a legislação foi alterada com essa finalidade.
>
> Neste sentido, Abraham (2020) esclarece:
>
>> Já a Receita Federal do Brasil identificou, somente para abril de 2020, uma redução na arrecadação de R$ 35,1 bilhões relativa aos diferimentos tributários e de R$ 1,6 bilhão referente à diminuição no IOF-crédito.

Ainda neste mesmo mês, a receita total apresentou redução de R$ 47,3 bilhões (31,9%) em termos reais, frente a abril de 2019. Houve redução real nos principais grupos de receita, com destaque para: IR (–R$ 9,9 bilhões), Cofins (–R$ 10,7 bilhões), PIS/Pasep (–R$ 2,8 bilhões), arrecadação líquida para o RGPS (–R$ 12,1 bilhões), exploração de Recursos Naturais (–R$ 3,4 bilhões) e demais receitas (–R$ 3,8 bilhões).

A receita líquida apresentou redução de R$ 45,5 bilhões (35,6%) em termos reais em relação a abril de 2019. Por sua vez, neste período, as despesas em resposta à crise Covid-19 totalizaram R$ 59,4 bilhões, sendo as principais: a) auxílio emergencial a pessoas em situação de vulnerabilidade; b) despesas adicionais dos ministérios e c) concessão de financiamento para o pagamento da folha salarial (PESE).

Portanto, houve uma queda na arrecadação de impostos e um aumento nas despesas em razão da implementação de políticas públicas de enfrentamento da pandemia de forma emergencial.

2.4 *Emendas impositivas*

O segundo momento de imposição orçamentária, isto é, quando a lei orçamentária deixa de ser meramente autorizativa e passa a ser uma obrigação, ocorre nas chamadas *emendas impositivas*.

Conforme vimos anteriormente, cabe ao chefe do Poder Executivo a decisão sobre a destinação das receitas, definindo na LOA qual despesa tem prioridade. Isso porque não é possível suprir as necessidades/vontades de todos, logo, prima-se pelas ações que beneficiarão o maior número de pessoas (interesse público).

Nessa toada, é necessário destacar que, ao desenvolver o projeto de lei orçamentária, o Executivo o submete à análise da Comissão

Mista de Planos, Orçamentos Públicos e Fiscalização (CMO) e, posteriormente, os projetos seguem para serem votados em sessão plenária conjunta do Congresso (Barcellos, 2019).

Nessa apreciação, muitas vezes os parlamentares emendavam o referido projeto, com despesas que beneficiariam determinado grupo de pessoas, mas, por vontade política, o Executivo simplesmente deixava de executar tais emendas, fato que deixava o referido parlamentar de base política oposta em severa desvantagem.

Nesse sentido, a fim de desmantelar esse "jogo político", foi promulgada, em 17 de março de 2015, a Emenda Constitucional n. 86, popularmente conhecida como *Emenda do Orçamento Impositivo* (Brasil, 2015).

Na prática, o texto da referida alteração constitucional impõe a obrigatoriedade ao Executivo de executar parte das emendas feitas pelo legislador. O art. 166, parágrafo 9º, da Constituição Federal prevê que cada parlamentar pode apresentar emendas (emendas individuais), que serão aprovadas se não ultrapassarem 1,2% da receita corrente líquida prevista no projeto submetido pelo Poder Executivo, devendo-se destinar a metade desse percentual aos serviços públicos de saúde.

Ademais, respeitadas as regras do parágrafo 9º, aplica-se o disposto no parágrafo 11 do mesmo artigo, que obriga a execução das referidas emendas, tornando-as não só "autorizativas", mas também "impositivas" (Barcellos, 2019)

Nesse sentido, a vontade política, ao indicar uma despesa na lei orçamentária, que originalmente era exclusiva do Executivo, passa a ser mista, uma vez que, nas referidas emendas, o Legislativo impõe a execução de determinadas despesas.

Necessário destacar que o parágrafo 11 torna impositivas as emendas individuais previstas no parágrafo 9º, contudo, em 2019, foi promulgada a Emenda Constitucional nº 100, a qual adicionou ao mesmo dispositivo o parágrafo 12, que, em suma, aplica a mesma imposição quanto à execução das chamadas *emendas de bancada*, que serão apresentadas pelas bancadas parlamentares e respeitarão o teto de 1% da receita corrente líquida (Brasil, 2019a). Cabe observar que, em 2020, o limite foi de 0,8% e, a partir de 2021, de 1% (Barcellos, 2019).

2.5 Controle do orçamento

Quando analisamos as características do orçamento, entendemos a necessidade de projetar todas as despesas públicas, além das receitas, isto é, a forma como o governante pagará pelas despesas, o que evidencia que a lei orçamentária é um instrumento fiscalizador das atividades econômicas do Estado.

É sabido que, no campo do direito público, o princípio da legalidade atua como uma forte barreira aos atos discricionários, a fim de evitar o autoritarismo e a execução de ações que não estejam previstas em lei.

No que tange ao orçamento público, o princípio da legalidade atua com um rigor ainda mais latente, e esse rigor trazido pela CF/1988 extravasa a mera legalidade comum e entra no campo da legitimidade e da economicidade, com regras próprias quando o assunto é dinheiro público.

Antes de tratar dos tipos de controle, é preciso trazer à baila o verdadeiro sentido que o legislador atribuiu à palavra *controle*. Esse termo está ligado aos verbos *controlar, fiscalizar*. Entretanto, o art. 70 da CF/1988 estipula que as fiscalizações contábil, financeira, orçamentária e operacional serão exercidas mediante "controle externo e interno" (Brasil, 1988).

Isso nos leva a crer que *fiscalização* e *controle* têm definições distintas no que se refere ao orçamento. O legislador entende *fiscalização* como uma fase final do ciclo orçamentário; por sua vez, *controle* diz respeito também às etapas anteriores do orçamento, como o exame e a aprovação pelo Legislativo, além de impactar a fiscalização financeira. Nesse sentido, podemos afirmar que isso ocorre quando o Poder Legislativo controla o Poder Executivo (Torres, 2005).

Logo, *controle* é, em um primeiro momento, o ato de controlar a execução orçamentária, o que significa participar da elaboração, acompanhando os números, e, caso necessário, otimizar as formas de arrecadação de receita pública ou adotar medidas de contenção dos gastos.

Ainda, podemos entender que o controle é responsável também por verificar a compatibilidade entre o que foi planejado e o que de fato está sendo feito.

Conforme mencionado, a legalidade passou a ter especial rigor com o advento da CF/1988, ganhando dois novos prismas: o da economicidade e o da legitimidade.

Sob o viés da **legalidade**, o governante se vê compelido a respeitar os ditames legais ao estabelecer uma despesa pública no orçamento, ou seja, ao gastar o dinheiro público, é imperioso que o governante atente ao que é previsto em lei, bem como às suas limitações. Reiteramos que nenhuma despesa pode ser realizada sem previsão no plano orçamentário e, mesmo que prevista, não pode extrapolar os limites estipulados. Proceder de outra forma caracteriza, nos moldes do art. 85 da Carta Magna e da LRF, a figura do crime de responsabilidade.

Analisando pela perspectiva da **legitimidade**, temos que o controle ocorre no campo do mérito do ato praticado pelo governante, buscando identificar um possível desvio de finalidade. Isso quer dizer que não basta ser legal, no sentido de estar descrito em lei, é preciso também ser legítimo, obedecendo-se às necessidades sociais do Estado.

Nessa esteira, podemos citar como exemplo a previsibilidade orçamentária de uma grande festa, seja para comemorar o dia do padroeiro do município, seja para qualquer outro fim. Se essa despesa estiver devidamente

> apresentada no orçamento, cumprirá os requisitos legais, mas estará em descompasso com os objetivos e os valores fundamentais da sociedade; logo, não será dotada de legitimidade, uma vez que não estará em consonância com o interesse público.

Já sob a ótica da **economicidade**, analisa-se o custo-benefício da ação apresentada, verificando se haveria possibilidade de alcançar o mesmo objetivo gastando menos ou, em outras palavras, se existiria um meio menos oneroso aos cofres públicos, devendo o governante sempre primar pela melhor proposta. Nesse sentido, trata-se de examinar as despesas a fim de buscar o melhor custo-benefício* possível.

Nos termos da CF/1988, o controle ocorre nas esferas contábil, financeira, orçamentária, operacional e patrimonial da União e das entidades da Administração direta e indireta, o que é uma inovação trazida pela Carta Magna, pois, antes de vigorar, apenas a União se submetia ao controle e a suas diretrizes de fiscalização. Hoje, no cenário contemporâneo, por força do art. 70 da CF/1988, os estados-membros e os municípios também se submetem ao controle, o que demonstra a força do princípio da simetria.

A **fiscalização contábil** ocorre pela análise numérica das finanças, isto é, um controle contabilista sobre todos os registros de receitas e despesas, nos termos do art. 83 da Lei n. 4.320/1964.

A **fiscalização financeira** preocupa-se com a entrada e a saída de dinheiro, e a **fiscalização orçamentária** concentra-se no fiel cumprimento do que está previsto no orçamento.

Por sua vez, **fiscalização operacional** diz respeito ao cumprimento das leis e dos procedimentos na arrecadação de receita ou em sua aplicação. Já a **fiscalização patrimonial** refere-se à própria execução do orçamento, no sentido de fiscalizar as alterações patrimoniais

---

* A economicidade não busca necessariamente a proposta mais barata, mas a que equilibre qualidade do serviço ou produto com um preço justo. Afirmar que o princípio da economicidade obriga a contratação da proposta mais barata é um ledo engano, visto que pode o governante justificar o preço maior com fundamento nas diferenças entre produtos ou serviços contratados.

dos bens públicos a fim de zelar por sua preservação e pelo atendimento das finalidades públicas.

As despesas podem ser sigilosas, por mais estranheza que isso possa causar, afinal, o inciso XXXIII do art. 5º da CF/1988 prevê que é assegurado a todos o direito de receber as informações dos órgãos públicos de seu interesse.

Obviamente que essas despesas são apreciadas pelo Tribunal de Contas da União, porém seu resultado não é divulgado, isso porque o art. 4º do Decreto n. 5.482, de 30 de junho de 2005 (Brasil, 2005), que instituiu o Portal da Transparência do Poder Executivo Federal, traz uma exceção ao princípio da publicidade, dispositivo este originado pelo art. 86 do Decreto-Lei n. 200/1967, que instituiu o sigilo sobre as movimentações de créditos de caráter reservado ou confidencial.

Interpretando os princípios ora mencionados, notamos que, apesar da intenção do legislador de dar publicidade aos atos administrativos para conferir maior segurança e transparência à questão orçamentária, essa transparência tem limites, afinal, não seria prudente que todos tivessem acesso indiscriminadamente às despesas, como as relacionadas aos gastos com a segurança nacional.

Devemos, nesse caso, sopesar outro princípio, o da razoabilidade, para evitar que gastos pessoais sejam acobertados pelo sigilo, sob o pretexto de serem questões ultrassecretas, e, de outra forma, para evitar o compartilhamento de estratégias financeiras e sociais de modo a prejudicá-las.

Existe uma variedade de "graus de sigilo", prevista no art. 5º do Decreto n. 7.845, de 14 de novembro de 2012 (Brasil, 2012); para classificar uma despesa como *reservada, confidencial, secreta* ou *ultrassecreta*, faz-se necessário o preenchimento de alguns requisitos. Essa análise criteriosa é feita pela Comissão de Averiguação e Análise de Informações Sigilosas (CAAIS) no âmbito da Casa Civil da Presidência da República e, sem tal avaliação, não se pode carimbar, neste ou naquele documento, que a divulgação é impedida pelos prazos de 5, 10, 20 e 30 anos, respectivamente.

Tipos de controle

A fim de assegurar um controle mais eficaz e de diferentes perspectivas, a CF/1988 prevê mecanismos de controle interno, externo e privado.

A principal característica desse sistema é o princípio da hierarquia, que obriga as autoridades superiores a exercer uma fiscalização sobre os atos de seus subalternos, avaliando e/ou revisando os atos de matéria orçamentária que forem praticados.

O **controle interno**, previsto no art. 70 da Carta Magna, é atribuído a todos os poderes e consiste em um mecanismo intrínseco de cada um, devendo ser exercido na forma de autocontrole. No mesmo sentido, o art. 74 da CF/1988 estipula os parâmetros para a efetivação do controle interno.

São atribuições do controle interno de cada poder: avaliar o cumprimento das metas previstas no PPA, além dos programas orçamentários da União; aferir a eficácia dos investimentos com base em seus resultados; exercer o controle das operações de crédito; e, por fim, apoiar a fiscalização do controle externo.

Interessante é a informação trazida pelo parágrafo único do art. 74 da CF/1988, que prevê a obrigação dos membros do controle interno no sentido de denunciar qualquer irregularidade ou ilegalidade ao Tribunal de Contas da União, sob pena de serem considerados solidariamente responsáveis.

Em se tratando dos níveis infraconstitucionais, o controle da execução do orçamento é regido pela LRF e pela Lei n. 4.320/1964, que regulamentam três aspectos a serem fiscalizados: a legalidade dos atos, a fidelidade institucional do agente público e o cumprimento do programa de trabalho. O controle da legalidade dos atos pode ser prévio, isto é, realizado antes do ato, de forma concomitante (ao mesmo tempo) ou posterior ao ato.

Nesse sentido, o controle interno tem como fundamento o auxílio ao controle externo e a missão de assegurar a regularidade da realização da receita e da despesa, tornando possível a fiscalização do orçamento e promovendo a avaliação dos respectivos resultados.

Já o **controle externo** é aquele exercido com exclusividade pelo Congresso Nacional. Foram criadas, em 1992, as Comissões de Fiscalização e Controle da Câmara dos Deputados e do Senado Federal (Meirelles, 1986).

O Congresso conta com um importante reforço para o exercício da fiscalização, que é o próprio Tribunal de Contas da União, conforme preconizam os arts. 71 e 72 da CF/1988. Essa aliança é fundamental para agregar mais eficácia à fiscalização, especialmente sob o viés da legalidade, assegurando o fiel cumprimento das leis orçamentárias.

Claro que, nesse ponto, é importante destacar que o controle exercido pelo Congresso Nacional nada tem a ver com limitar o poder discricionário do governante no momento de priorizar as despesas A ou B. Não devemos confundir, portanto, o controle externo com a pressão política no intento de influenciar as decisões do Executivo, pois esse tipo de controle concentra-se apenas na questão contábil, de fiscalização financeira e patrimonial dos entes federativos.

Da mesma forma que o controle interno, o externo têm três momentos de atuação: o prévio, o simultâneo e o posterior. O primeiro é responsável por exigir o prévio registro no orçamento, para só assim se realizar a despesa. Por sua vez, o controle simultâneo ocorre pela sustação do ato caracterizado como ilegal. Por fim, cabe ao Tribunal de Contas verificar as despesas já efetuadas, a fim de detectar ilegalidades ou abusos nesse sentido, exercendo um controle posterior ao ato.

O **controle privado**, terceira e última modalidade de controle orçamentário trazida como uma inovação pela Carta Magna, prevê a possibilidade de qualquer pessoa, sindicato ou partido político assumir a condição de legitimidade para denunciar ao Tribunal de Contas da União possíveis ilegalidades, abusos ou desconformidades.

Também conhecido como *controle social* ou *controle popular*, esse tipo de controle tem previsão no parágrafo 2º do art. 74 da CF/1988, e isso só foi possível diante dos grandes avanços da democracia com o advento da Constituição Cidadã.

Claro que as denúncias mencionadas podem ser realizadas diretamente nos tribunais de contas estaduais, quando o ente violador for o estado ou qualquer município daquele estado, e não dependem de regulamentação em lei, uma vez que os tribunais são capazes, inclusive, de agir de ofício.

Desse modo, como é comum a participação da população na elaboração/apresentação dos PPAs e nas audiências públicas, cabe aos cidadãos participar da fiscalização e do controle do que foi previamente estabelecido (Harada, 2017).

Tribunal de Contas da União

No ordenamento jurídico, existe a premissa de que todo Estado de direito impõe a submissão do próprio Estado às leis que ele edita. Nesse sentido, há a necessidade da existência de um órgão controlador da atividade estatal, o qual garanta que não se cometam ilegalidades e arbítrios.

A função originária dos tribunais de contas sempre foi a de controlar a legalidade dos atos administrativos que formam a execução orçamentária. Contudo, cotidianamente, suas atribuições vão além do mero exame da legalidade.

Uma das atribuições dos tribunais de contas é, por óbvio, julgar as contas. Ocorre que não tão óbvia é a definição de que esses tribunais são meramente administrativos, sendo possível reapreciar suas decisões no Poder Judiciário, ou seja, seus pareceres não fazem coisa julgada.

Outro ponto que merece destaque é que os tribunais de contas não julgam as pessoas (agentes públicos), e sim seus atos, e suas decisões são pareceres técnicos que se limitam a declarar se as contas são regulares ou irregulares, não impondo sanções.

Sendo um órgão da Administração Pública que auxilia o Legislativo no controle externo, segundo o art. 71 da Carta Magna, os pareceres do Tribunal de Contas da União no que concerne às contas anuais prestadas pelo chefe do Executivo não obrigam a decisão do Parlamento. Não existe, na verdade, impedimento para o Poder Legislativo aprovar as contas apesar de haver um parecer contrário do referido tribunal. Lembramos que esse mesmo tribunal também fiscaliza as contas do Poder Legislativo, visto que as contas são do ente da Federação, ou seja, são da União, dos estados e dos municípios, abrangendo o Executivo e o Legislativo de cada um.

O Tribunal de Contas da União é composto por nove ministros (número ímpar para evitar empates), está localizado no Distrito Federal e tem jurisdição em todo o território nacional.

Os ministros são pessoas com notório saber jurídico, econômico e contábil, além de serem pessoas de reputação ilibada e que se encontram na faixa etária entre 35 e 60 anos. No entanto, com o advento da Constituição de 1988, a escolha não é um ato discricionário do presidente da República (motivo que gerava suspeição na tarefa de fiscalizar).

A escolha dos ministros ocorre por indicação, observando-se a previsão do art. 73, parágrafos 1º e 2º, da CF/1988, que estabelece que um terço é indicado pelo presidente da República, desde que haja a aprovação do Senado Federal, sendo os outros dois terços indicados pelo Congresso Nacional.

São cargos vitalícios e que contam com as mesmas garantias, prerrogativas e impedimentos dos ministros do Superior Tribunal de Justiça (STJ), podendo aposentar-se com todas as benesses do cargo se prestaram serviços efetivos por mais de cinco anos.

As atribuições do Tribunal de Contas da União estão previstas no art. 71 da Carta Magna e são, entre outras, apreciar as contas apresentadas pelo presidente da República; realizar comissões técnicas ou de inquérito; fiscalizar as contas de empresas nacionais de cujo capital social a Administração participe; fiscalizar a aplicação de quaisquer receitas públicas repassadas aos estados-membros e aos municípios.

As funções e atribuições mencionadas regem-se por lei própria, a Lei n. 8.443, de 16 de junho de 1992, que traz as disposições sobre a instituição dos tribunais de contas (Brasil, 1992).

A não prestação de contas anuais pelo presidente da República pode ser considerada crime de responsabilidade, conforme o art. 85, inciso VI, da CF/1988. Destacamos que todas essas regras são aplicáveis nos âmbitos estadual e municipal. Cada estado tem seu tribunal de contas, ao qual compete analisar a prestação de contas de todos os municípios do estado.

Vale esclarecer que a remessa das contas do chefe do Executivo ao referido tribunal serve para a emissão de parecer técnico, e não de julgamento propriamente dito, porque a aprovação é da competência exclusiva do Legislativo, conforme o art. 85, inciso IX, da CF/1988.

Tal previsão constitucional acaba por conferir à aprovação das contas do Executivo um viés político, pois, mesmo que o tribunal se manifeste pela desaprovação das contas, isso não vincula a decisão do Legislativo.

Por outro lado, a rejeição das contas pelo Legislativo não necessariamente se funda em crime e, por vezes, trata-se apenas de ajustes políticos, em que pese a necessidade de indicação de irregularidade na execução orçamentária.

Destarte, a desaprovação por si só não gera incidência de crime de responsabilidade nem improbidade administrativa (Harada, 2017).

Ao Tribunal de Contas da União, sendo um órgão que auxilia o Congresso Nacional, incumbe ainda remeter ao Legislativo um relatório trimestral e um anual de suas atividades, conforme impõe o parágrafo 4º do art. 71 também da CF/1988. Esse dispositivo é outra inovação trazida pela Constituição Cidadã, apesar de que já era praxe o envio dos relatórios antes da promulgação constitucional.

Em razão da simetria das normas e dos demais princípios constitucionais, os estados-membros e os municípios obedecem à forma de organização da União. Nesse sentido, há de se prever que tais entes federativos também têm os respectivos tribunais de contas, como já mencionado.

Nos estados, os tribunais de contas têm sete ministros, cuja indicação segue o modelo federal. Já nos municípios, a regra é não ter tribunal de contas, porém no Município de São Paulo e no Município do Rio de Janeiro já existiam os respectivos tribunais de contas municipais, os quais não foram extintos. Onde não houver corte local, a fiscalização das contas do prefeito será feita pelos tribunais de contas estaduais, que emitirão um parecer prévio com a análise das contas do município.

Caso haja omissão do prefeito, será função da corte de contas do estado comunicar tal fato à Câmara Legislativa Municipal para que sejam tomadas as medidas cabíveis.

Concluindo, podemos afirmar que, por serem órgãos técnico-administrativos, os tribunais de contas, em geral, alcançam a missão de auxiliar o Poder Legislativo no controle externo, seja emitindo pareceres, seja julgando as contas dos administradores em geral, com vistas a coibir atos de natureza duvidosa ou iniciar processos de responsabilização financeira, mesmo que não apresentem natureza jurisdicional.

Para saber mais

LIMA, D. V. de. **Orçamento, contabilidade e gestão no setor público.** São Paulo: Atlas, 2018.

Nesse livro, é possível encontrar, além da ciência e da técnica, o elo entre o orçamento público, a contabilidade e a gestão pública. A obra aborda o orçamento em todos os aspectos que impactam diretamente a contabilidade, demonstrando que o orçamento é instrumento de planejamento e controle e não se confunde com o patrimônio.

> GIACOMINI, J. **Orçamento público.** 18. ed. São Paulo: Atlas, 2021.
> Essa é uma obra clássica para as pessoas que desejam conhecer as leis orçamentárias em seus aspectos teóricos e práticos. É um material sempre atualizado e bastante didático, o qual contempla o caráter contábil do orçamento.

Síntese

Durante muito tempo o governante era o único responsável pelo gerenciamento do dinheiro público. Contudo, com o advento da modernidade e das repúblicas democráticas, a transparência nas contas públicas se fez cada vez mais presente em nosso cotidiano.

A fim de garantir maior transparência e responsabilidade em relação às finanças da nação, estabeleceram-se, durante décadas, regras e princípios que regem o orçamento público, isto é, a entrada e a saída de ativos financeiros dos cofres públicos.

Houve uma verdadeira descentralização no que diz respeito à responsabilidade de controlar e planejar o uso das verbas públicas, e os modernos mecanismos de controle, interno e externo, afastam qualquer possibilidade de desvio ou arbitrariedade com o dinheiro do contribuinte.

O planejamento orçamentário é uma ferramenta que ganha cada vez mais relevância na economia do país, isso porque, além de garantir a melhor aplicação do dinheiro público, serve como balizador para a economia privada, que se utiliza das definições dos planos do governo para traçar estratégias.

O orçamento público, em síntese, é formado por uma lei anual, que prevê as receitas e as despesas do ano seguinte. Essa lei deve estar em conformidade com outra lei, a LDO, que estabelece as diretrizes e as metas do orçamento público. Porém, essas duas leis ainda obedecem a uma terceira, que tem vigência de quatro anos, o PPA, que se concentra em estabelecer metas de longo prazo, com vistas a nortear a criação das demais leis orçamentárias, inclusive vinculando o primeiro ano da próxima gestão, visto que sua vigência é do segundo ano da gestão até o primeiro da gestão seguinte.

As leis orçamentárias são, em regra, leis autorizativas, o que significa que autorizam o Poder Executivo a despender verbas para a realização das despesas que estejam previstas na lei. No entanto, têm caráter impositivo, que obriga, em dois momentos, o governante a realizar as despesas: o primeiro pelas garantias constitucionais de desenvolvimento que norteiam a criação da LOA, estabelecendo percentuais mínimos de investimentos nas áreas de saúde e educação; e o segundo pela imposição dos parlamentares mediante as emendas impositivas.

A não observância dos princípios ou leis no que concerne ao uso do dinheiro público é coibida por meio dos mecanismos de controle orçamentário, que podem ser internos (autocontrole exercido pelo próprio poder) ou externos (um poder fiscalizando outro), sendo possível, em determinados casos, criminalizar a conduta dos gestores.

Questões para revisão

1. Orçamento público é:
    a. o conjunto de receitas e despesas públicas.
    b. um dos elementos essenciais para a realização da atividade financeira do Estado, essência do direito financeiro, porém com implicações políticas, econômicas, administrativas, jurídicas, contábeis, além das questões financeiras.
    c. a técnica para chegar ao equilíbrio entre receita e despesa, para que não haja mais despesas do que receitas.
    d. a soma de todos os recursos do país.

2. As funções do planejamento público são:
   a. executar, calcular e equilibrar as contas públicas.
   b. planejar, executar, exercer o controle e, por fim, avaliar os resultados.
   c. gerenciar, economizar, prover e verificar a efetividade dos resultados.
   d. resguardar o patrimônio público, aplicar e avaliar os resultados.

3. Assinale a alternativa que apresenta corretamente a diferença entre o viés contábil e o viés jurídico do orçamento público:
   a. O viés contábil diz respeito ao equilíbrio financeiro, e o viés jurídico o classifica como um instrumento de autorização para o Executivo realizar as despesas.
   b. O viés contábil apenas se refere à formalidade dos atos, e o viés jurídico está relacionado ao equilíbrio financeiro.
   c. Ambos apresentam a mesma conceituação de orçamento público, não existindo diferenciação entre as perspectivas jurídica e contábil desse conceito.
   d. O viés jurídico é exercido exclusivamente pelo Poder Judiciário, e o viés contábil é exercido pelo Tribunal de Contas da União.

4. De forma sucinta, quais são as três leis orçamentárias e qual é o objetivo de cada uma delas?

5. Disserte sobre os tipos de controle do orçamento público.

Questão para reflexão

1. Cabe ao Poder Executivo a iniciativa da elaboração das leis orçamentárias, porém a discricionariedade do gestor público não é absoluta, considerando o que determina a Constituição Federal quanto à destinação de percentuais para a saúde e a educação e as emendas impositivas. Nesse contexto, verifique quais foram as emendas impositivas de seu vereador e reflita se a destinação delas condiz com os compromissos dele em campanha. Diante disso, qual é sua opinião sobre as principais características das emendas impositivas, tendo em vista que obrigam o Executivo a realizar determinada despesa?

capítulo três

Receita pública

Conteúdos do capítulo:

- Conceito de receita pública.
- Classificação da receita sob o viés contábil e o viés jurídico.
- Etapas da receita pública.
- Receita pública sob a ótica da Lei de Responsabilidade Fiscal (LRF).

Após o estudo deste capítulo, você será capaz de:

1. compreender como o Estado capta recursos financeiros para suprir as necessidades do povo;
2. identificar as várias formas de captação de receita, estabelecendo a diferença entre as perspectivas jurídica e contábil;
3. reconhecer as etapas necessárias para a entrada de dinheiro nos cofres públicos;
4. elencar as responsabilidades do governante conforme a LRF.

As receitas públicas representam a entrada de recursos financeiros nos cofres públicos, mas não só isso. Para ser considerada receita, a entrada do recurso deve ser definitiva, ou seja, se um recurso entrar nos cofres públicos provisoriamente, esse valor não será considerado receita.

> *Exemplificando*
>
> Imagine que um munícipe entre com uma ação judicial para questionar a cobrança de determinado imposto e, para tanto, tenha efetuado o depósito judicial do valor inicialmente cobrado. Caso o juiz, ao final, decida que o imposto é indevido, o município deverá devolver esse recurso; logo, até que se finde a ação, esse recurso não é considerado receita.

Figura 3.1 – *Entrada de recursos nos cofres públicos*

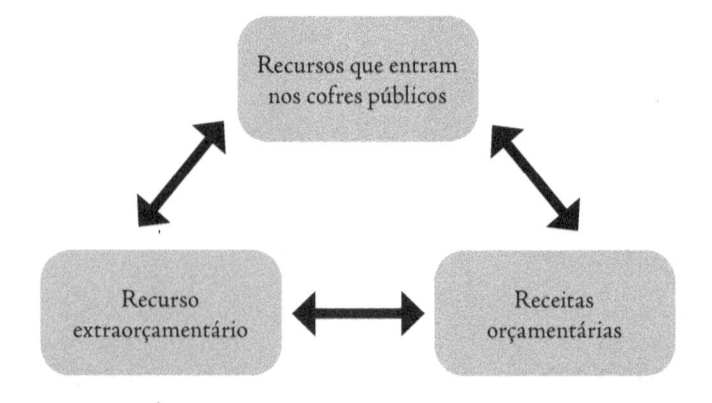

A receita pública deve sempre preceder a despesa, isto é, para que seja possível existir uma despesa, é necessário que haja a possibilidade de saudá-la, ou seja, ter receita.

O Estado sempre foi visto como um garantidor de direitos básicos, e isso nunca mudou, o que mudou foi a noção que temos sobre o que são direitos básicos. Por exemplo, no imperialismo, o rei era responsável por proteger o reino de eventuais invasões e proporcionar aos súditos alguma diversão esporádica, o que custava dinheiro. Para conseguir esses recursos, muitas vezes, os mais pobres eram extorquidos.

Hoje em dia, no Estado democrático de direito, as garantias básicas evoluíram exponencialmente, passando da mera proteção em relação a outros povos para a manutenção da saúde, da educação, da previdência social, do lazer, entre outros aspectos. Isso nos faz pensar que os custos para propiciar tais direitos evoluíram na mesma proporção; logo, faz-se necessária a arrecadação de receita, afinal, não poderia o governante, nessa estrutura de Estado, utilizar-se da força para garantir direitos.

Existem cinco possibilidades para que um governante obtenha dinheiro: (1) extorquir outros povos; (2) produzir receita por meio das empresas do Estado; (3) usar a coercitividade para cobrar tributos ou impor penalidades; (4) tomar empréstimos; e (5) imprimir dinheiro (Baleeiro, 1997).

Convenhamos que todas as formas possíveis de arrecadação têm o mesmo objetivo, qual seja, auferir renda para arcar com as necessidades sociais. Nesse caso, temos uma possibilidade de definição de *receita pública* (Conti, 2001).

Nesse sentido, *receita* é uma estimativa dos recursos que vão constar na peça orçamentária. Esses recursos são de diferentes naturezas e origens (Giacomoni, 2017). Em razão disso, é preciso classificá-los para uma melhor compreensão.

3.1 *Classificação contábil*

Existem três critérios de classificação da receita orçamentária sob a ótica contábil, a saber: segundo a natureza, institucional e segundo as fontes de recursos.

Classificação segundo a natureza

As demonstrações da receita foram atualizadas para atender ao disposto na Lei de Responsabilidade Fiscal (LRF) – Lei Complementar n. 101, de 4 de maio de 2000 (Brasil, 2000b). Com base em portaria interministerial, as receitas devem ser classificadas segundo sua natureza em categorias econômicas e quanto às origens da receita.

Categorias econômicas

Pelas categorias econômicas, as receitas podem ser receitas correntes e receitas de capital, como dispõe o art. 11 da Lei n. 4.320, de 17 de março de 1964 (Brasil, 1964).

O parágrafo 1º do art. 11 da Lei n. 4.320/1964 explicita que as **receitas correntes** são as receitas tributária, de contribuições, patrimonial, agropecuária, industrial, de serviços e, ainda, as provenientes de recursos financeiros recebidos de outras pessoas de direito público ou privado quando destinadas a atender às despesas correntes.

O parágrafo 2º do art. 11 da Lei n. 4.320/1964 conceitua que são **receitas de capital** aquelas decorrentes da realização de recursos financeiros oriundos de constituição de dívidas e da conversão em espécie de bens e direitos; dos recursos recebidos de outra pessoa de direito público ou privado classificados para arcar com despesas de capital; e do superávit do orçamento.

A mesma lei, no parágrafo 3º do art. 11, explica que o superávit do orçamento corrente resultante do balanceamento dos totais das receitas e despesas correntes, apurado na demonstração a que se refere o Anexo 1 dessa lei, não constituirá item de receita orçamentária.

> Ressaltamos que o superávit é uma receita de capital, mas não deve constar no orçamento.

Origens da receita

As receitas são estimadas e acompanhadas no orçamento durante toda a sua execução, pois servem de base para analisar os recursos para as ações governamentais (Giacomoni, 2017).

Quanto às suas origens, as receitas são assim classificadas:

a. **Receita tributária** – São aquelas decorrentes dos tributos, ou seja, impostos, taxas e contribuições de melhoria.
b. **Receita de contribuições** – São aquelas decorrentes de todas as contribuições sociais e também das demais contribuições de compensação financeira de exportações, entre outras. Somente a União, os estados, o Distrito Federal e os municípios têm esse tipo de receita, porque a Constituição Federal (CF) de 1988 atribui a eles o direito de tributar.

Você deve estar pensando que as contribuições são uma espécie de tributo. De fato são, mas estão separadas quanto à origem porque são consideradas encargos parafiscais.

c. **Receita patrimonial** – São as receitas decorrentes dos frutos e rendimentos advindos do patrimônio do ente público.

Exemplificando

Imagine que o Estado firme um contrato de concessão para outra empresa explorar um bem público e, por conta desse contrato, receba um recurso financeiro. Essa receita seria classificada segundo a natureza pela origem da receita como *receita patrimonial*.

d. **Receita agropecuária** – São as receitas que decorrem das atividades na agricultura, na pecuária, entre outras.
e. **Receita industrial** – São receitas que decorrem das atividades industriais, como o nome sugere.

f. **Receita de serviços** – São receitas decorrentes do comércio, do transporte, das atividades culturais, entre outras.
g. **Transferências correntes** – São os repasses de pessoas jurídicas ou físicas que farão frente às despesas correntes.

Exemplificando

Uma cota-parte do ICMS, que é um imposto estadual, é repassada para o município.

Atenção: será assim considerada se a destinação for para despesas correntes; se for aplicada em despesas de capital, será uma transferência de capital.

h. **Outras receitas correntes** – São as receitas que não se enquadram nas demais receitas ora indicadas, tais como indenizações, restituições e ressarcimentos, alienações de bens e mercadorias apreendidas e dívida ativa.

Exemplificando

Imagine que um cidadão não busque o prêmio da loteria. Esse valor ficará para o governo e, portanto, entrará como receita, mas não se encaixa em nenhuma classificação; logo, entrará como receita corrente.

i. **Receitas de capital** – São as receitas que não se enquadram nas demais receitas, tais como operações de crédito, alienação de bens, amortização de empréstimos e transferências de capital.
j. **Operações de crédito** – São receitas obtidas mediante empréstimos, financiamentos e emissão de títulos públicos. Conforme a Lei n. 4.320/1964, enquadram-se em receitas de capital.
k. **Alienação de bens** – São as receitas obtidas com as vendas de bens móveis e imóveis, ações e títulos.

l. **Amortização de empréstimos** – São as receitas decorrentes da amortização de empréstimo que o ente concedeu.
m. **Transferências de capital** – São os repasses de pessoas jurídicas ou físicas que farão frente às despesas de capital.
n. **Outras receitas de capital** – São as que não se enquadram nas demais receitas, tais como o resgate de títulos do Tesouro Nacional e o resultado do Banco Central, quanto se trata de orçamento federal.

Para visualizar melhor essa classificação, a própria Lei n. 4.320/1964, no parágrafo 4º de seu art. 11, apresenta um esquema:

> § 4º A classificação da receita obedecerá ao seguinte esquema:
> RECEITAS CORRENTES
> RECEITA TRIBUTÁRIA
> Impostos.
> Taxas.
> Contribuições de Melhoria.
> RECEITA DE CONTRIBUIÇÕES
> RECEITA PATRIMONIAL
> RECEITA AGROPECUÁRIA
> RECEITA INDUSTRIAL
> RECEITA DE SERVIÇOS
> TRANSFERÊNCIAS CORRENTES
> OUTRAS RECEITAS CORRENTES
> RECEITAS DE CAPITAL
> OPERAÇÕES DE CRÉDITO
> ALIENAÇÃO DE BENS
> AMORTIZAÇÃO DE EMPRÉSTIMOS
> TRANSFERÊNCIAS DE CAPITAL
> OUTRAS RECEITAS DE CAPITAL (Brasil, 1964)

Importante destacar que as receitas, classificadas quanto às suas origens, são desdobradas em outras origens, conforme disposto no Anexo 3 da Lei n. 4.320/1964, e de acordo com o ente público (Giacomoni, 2017).

Classificação institucional

Trata-se de uma classificação que demonstra as entidades e as unidades orçamentárias que detêm as receitas.

Esse tipo de classificação somente é utilizado nos orçamentos dos entes da Federação que têm outras instituições atreladas a eles e quando estas contam com receitas próprias.

> No orçamento da União, a classificação institucional da receita compreende as seguintes modalidades:
> a. receitas do Tesouro;
> b. receitas diretamente arrecadadas por órgãos, unidades e fundos da Administração direta;
> c. receitas de entidades, unidades e fundos da Administração indireta (Giacomoni, 2017).

Classificação segundo as fontes de recursos

A classificação segundo as fontes de recursos não está prevista na Lei n. 4.320/1964, porém, para obter um controle melhor das vinculações existentes entre receitas e despesas, essa perspectiva facilita a visualização dos recursos comprometidos e dos passíveis de livre disposição na elaboração do orçamento.

No orçamento da União, as fontes de recursos são divididas por grupos. Vejamos:
a. recursos do Tesouro do exercício corrente;
b. recursos de outras fontes do exercício corrente;

c. recursos do Tesouro dos exercícios anteriores;
d. recursos de outras fontes dos exercícios anteriores;
e. recursos condicionados, que são os que dependem de aprovação legal.

Figura 3.2 – Esquema da classificação contábil das receitas

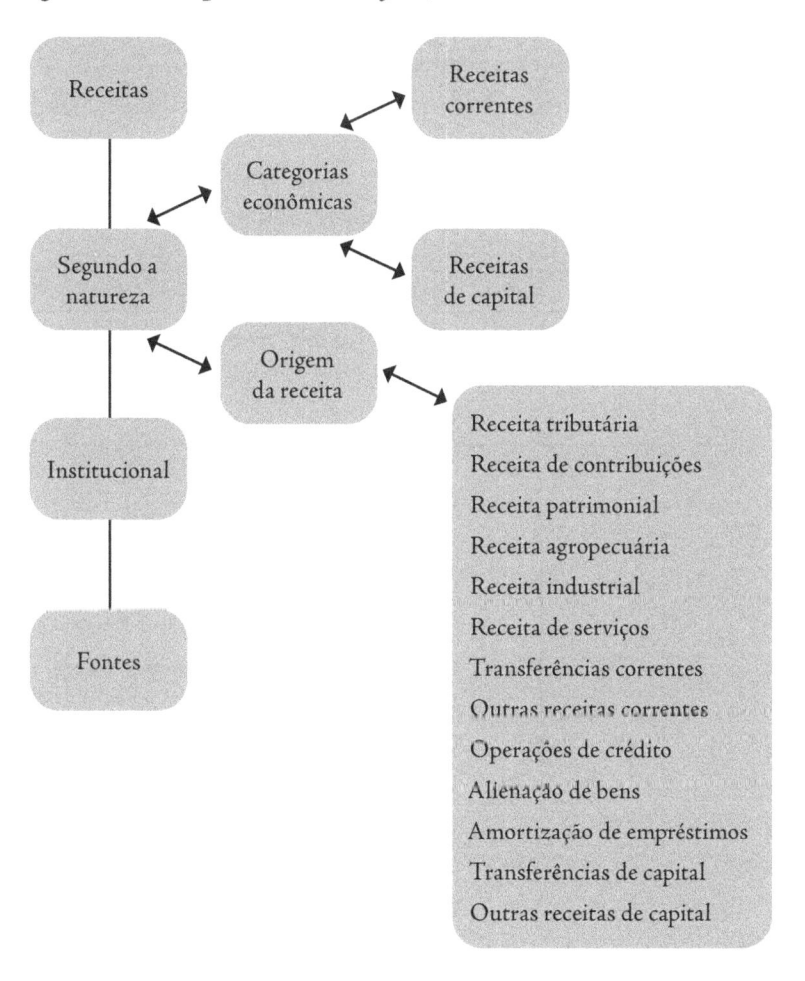

```
Receitas
   │
   ├── Segundo a natureza
   │       ├── Categorias econômicas
   │       │       ├── Receitas correntes
   │       │       └── Receitas de capital
   │       └── Origem da receita
   │               ├── Receita tributária
   │               ├── Receita de contribuições
   │               ├── Receita patrimonial
   │               ├── Receita agropecuária
   │               ├── Receita industrial
   │               ├── Receita de serviços
   │               ├── Transferências correntes
   │               ├── Outras receitas correntes
   │               ├── Operações de crédito
   │               ├── Alienação de bens
   │               ├── Amortização de empréstimos
   │               ├── Transferências de capital
   │               └── Outras receitas de capital
   ├── Institucional
   └── Fontes
```

A classificação apresentada na Figura 3.2 retrata a classificação com viés contábil e que objetiva controlar e consolidar os dados da receita. Para uniformizar as práticas contábeis, a Secretaria do

Tesouro Nacional (STN), em conjunto com o Grupo Técnico de Procedimentos Contábeis (GTCON), elaborou o Plano de Contas Aplicado ao Setor Público (PCASP), adequado aos dispositivos legais vigentes e que é atualizado anualmente e publicado exclusivamente na internet para uso obrigatório no exercício seguinte. Para o ano de 2020, o plano de contas foi definido na Portaria STN n. 386, de 13 de junho de 2019 (Brasil, 2019c).

A codificação do orçamento propicia que, ao ler o código, imediatamente se consiga identificar a receita principal e associá-la às receitas dela decorrentes.

Figura 3.3 – Exemplo de codificação contábil do orçamento

Dígito	1º	2º	3º	4º a 7º	8º
Significado	Categoria econômica	Origem	Espécie	Desdobramentos para a identificação de peculiaridades da receita	Tipo

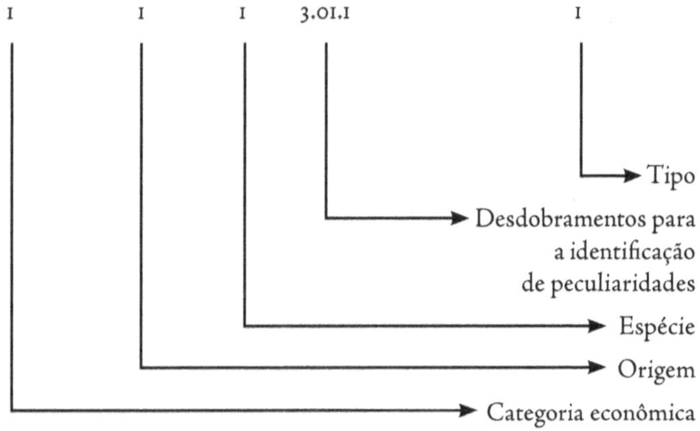

```
   1         1        1      3.01.1              1
   │         │        │        │                 │
   │         │        │        │                 └──▶ Tipo
   │         │        │        └──▶ Desdobramentos para
   │         │        │              a identificação
   │         │        │              de peculiaridades
   │         │        └──▶ Espécie
   │         └──▶ Origem
   └──▶ Categoria econômica
```

Fonte: Elaborado com base em Paraná, 2021.

Ainda quanto à codificação da classificação pela categoria econômica, vejamos o Quadro 3.1.

Quadro 3.1 – Exemplo de codificação por categoria econômica

Código	Categoria econômica
1	Receitas correntes
7	Receitas correntes intraorçamentárias
2	Receitas de capital
8	Receitas de capital intraorçamentárias

Fonte: Elaborado com base em Paraná, 2021.

Os códigos da origem para as receitas correntes e de capital estão dispostos no Quadro 3.2.

Quadro 3.2 – Exemplo de codificação por categoria econômica e por origem

Categoria econômica (1º dígito)	Origem (2º dígito)
1) Receitas correntes 7) Receitas correntes intraorçamentárias	1) Impostos, taxas e contribuições de melhoria
	2) Contribuições
	3) Receita patrimonial
	4) Receita agropecuária
	5) Receita industrial
	6) Receita de serviços
	7) Transferências correntes
	9) Outras receitas correntes
2) Receitas de capital 8) Receitas de capital intraorçamentárias	1) Operações de crédito
	2) Alienação de bens
	3) Amortização de empréstimos
	4) Transferências de capital
	9) Outras receitas de capital

Fonte: Elaborado com base em Paraná, 2021.

Quanto ao código de natureza da receita, este deve terminar com um dos dígitos mencionados, e as arrecadações de cada recurso devem ser agrupadas sob um mesmo código, sendo diferenciadas apenas no último dígito.

Quadro 3.3 – Exemplo de codificação por tipo

Dígito	1°	2°	3°	4° a 7°	8°	
Significado	C	O	E	D	T	Descrição-padrão dos códigos de tipo
	A	R	S	E	I	
	T.	I	P	S	P	
		G	É	D	O	
	E	E	C	O		
	C	M	I	B		
	O		E	R		
	N			A		
	Ô			M		
	M			E		
	I			N		
	C			T		
	A			O		
				S		
	X	XX	X.XX.X		0	Natureza agregadora
1						Receita principal
2						Multa e juros da receita principal
3						Dívida ativa da receita principal
4						Multa e juros da dívida ativa da receita principal

Fonte: Elaborado com base em Paraná, 2021.

Quadro 3.4 – Exemplo de codificação por fonte

1º Dígito (Grupo da fonte)	2º e 3º dígitos (Especificação da fonte)	Fonte
1 – Recursos do Tesouro Exercício Corrente	12 – Recursos destinados à manutenção e desenvolvimento do ensino	112
2 – Recursos de Outras Fontes Exercício Corrente	93 – Produto da aplicação dos recursos à conta do salário-educação	293
3 – Recursos do Tesouro Exercícios Anteriores	12 – Recursos destinados à manutenção e desenvolvimento do ensino	312
6 – Recursos de Outras Fontes Exercícios Anteriores	93 – Produto da aplicação dos recursos à conta do salário-educação	693
9 – Recursos Condicionados	00 – Recursos ordinários	900

Fonte: Elaborado com base em Paraná, 2021.

Como exposto, para a codificação do orçamento, faz-se necessário compreender que, pelo modelo que adotamos, as etapas da receita devem observar a ocorrência dos fenômenos econômicos, ou seja, previsão, lançamento, arrecadação e recolhimento.

Figura 3.4 – Ocorrência dos fenômenos econômicos

Previsão → Lançamento → Arrecadação → Recolhimento

Previsão

Trata-se do planejamento no qual se estima a arrecadação das receitas que deverão constar na proposta orçamentária, conforme o art. 12 da LRF, que assim dispõe:

> Art. 12. As previsões de receita observarão as normas técnicas e legais, considerarão os efeitos das alterações na legislação, da variação do índice de preços, do

> crescimento econômico ou de qualquer outro fator relevante e serão acompanhadas de demonstrativo de sua evolução nos últimos três anos, da projeção para os dois seguintes àquele a que se referirem, e da metodologia de cálculo e premissas utilizadas. (Brasil, 2000b)

Destacamos que a previsão antecede a fixação das despesas que vão constar nas leis de orçamento.

Lançamento

O lançamento está regulamentado no art. 53 da Lei n. 4.320/1964: "Art. 53. O lançamento da receita é ato da repartição competente, que verifica a procedência do crédito fiscal e a pessoa que lhe é devedora e inscreve o débito desta" (Brasil, 1964).

É o ato que verifica a procedência do crédito fiscal e a respectiva inscrição do devedor, conforme o art. 142 do Código Tributário Nacional (CTN) – Lei n. 5.172, de 25 de outubro de 1966 (Brasil, 1966). Portanto, nessa etapa há a constituição do crédito tributário.

Arrecadação

A etapa da arrecadação nada mais é do que o pagamento do débito pelos contribuintes ou devedores, recursos que pertencem ao exercício financeiro do momento da arrecadação, nos termos do art. 35 da Lei n. 4.320/1964.

Recolhimento

O recolhimento é a última etapa da receita e consiste na efetiva transferência dos recursos para a conta específica do Tesouro Nacional, responsável pela administração e pelo controle da arrecadação e da respectiva programação financeira, conforme previsão do art. 56 da Lei n. 4.320/1964.

Compreender as etapas, as codificações e as classificações das receitas sob o viés contábil é imprescindível para a organização do orçamento, mas também é necessário entender a classificação das receitas sob a ótica jurídica.

3.2 *Classificação jurídica*

Quando falamos em classificar as receitas públicas, a primeira subdivisão em que podemos pensar é quanto à fonte da receita, ou seja, de onde ela veio. Nesse sentido, temos as receitas originárias, as derivadas e as transferidas.

Receitas originárias

As receitas originárias são caracterizadas pela atuação do Estado como explorador de atividade econômica, ou seja, fazendo-se uma analogia, seria como se o governante deixasse de lado o caráter impositivo estatal e passasse a produzir a própria riqueza.

Essas receitas são as que estabelecem uma relação horizontal entre o Estado e o particular. São exemplos de receitas originárias as decorrentes de contratos, herança vacante, doações, legados, exploração por meio de vias públicas, mercados, espaços em aeroportos, estradas, bem como das prestações de serviços públicos por concessionário.

Conforme visto, as receitas originárias caracterizam-se pelo afastamento da coercitividade do Estado, e a imposição estatal dá lugar ao "Estado empreendedor", capaz de gerenciar seus negócios e buscar lucro, como se fosse uma empresa privada.

De acordo com o que preconiza o art. 99 do Código Civil – Lei n. 10.406, de 10 de janeiro de 2002 –, existem os chamados *bens dominicais*, que são passíveis de alienação, como se o Estado fosse um particular (Brasil, 2002). É preciso deixar claro que o fato de o Estado utilizar-se de atividade econômica para auferir renda, tal qual um ente privado, não o exime de seguir as normas de direito público, afinal, seja com os bens públicos, seja com os bens dominicais, o Estado está diretamente vinculado às regras do direito administrativo, além das normas constitucionais.

Podemos dividir as receitas públicas originárias segundo suas origens, pois decorrem ou do uso dos bens mobiliários e imobiliários do Estado, ou de sua atividade industrial. Portanto, elas se classificam como receitas públicas originárias patrimoniais ou industriais.

As **receitas públicas originárias patrimoniais** procedem do uso do patrimônio do Estado, mobiliário ou imobiliário, como no caso de cobrança de alugueres por terrenos públicos, permissão de ocupação temporária das calçadas para a realização de obras, uso das calçadas para instalação de bancas de jornal, entre outras. Afinal o Código Civil introduziu uma inovação positiva ao prescrever, em seu art. 103, que o uso comum dos bens públicos pode ser gratuito ou retribuído, conforme estabelecido legalmente pela entidade a cuja Administração pertencerem.

Já as **receitas públicas originárias industriais** são as geradas pelo Estado no exercício da atividade empresarial. Logo, essa atividade atípica do governante é realizada por razões diversas, como a impotência do particular no exercício de determinada atividade econômica, seja em virtude do vulto do investimento necessário, seja em razão do desinteresse em aplicar seu capital nas áreas de retorno demorado.

Infelizmente, na prática, o desempenho de atividade econômica exercida pelo Estado com finalidade nitidamente lucrativa mostrou-se ineficiente e desastroso (Harada, 2017), quase sempre causando mais males à sociedade do que benefícios. Essa questão é motivo de debate entre a doutrina especializada. Alguns consideram a tese de aplicabilidade a essas entidades do regime falimentar, com todas as consequências trazidas pela lei, mas, até o momento, isso não é uma realidade.

Ainda na modalidade de receitas originárias, existem as que são provenientes de **atos voluntários do particular**, a exemplo de possíveis doações feitas ao Estado. Elas são previstas nos arts. 538 a 564 do Código Civil e decorrem da vontade do particular em beneficiar a Administração.

No campo dos atos voluntários, podemos citar o exemplo da sucessão testamentária e da herança vacante. Na primeira, a sucessão testamentária, regida pelo art. 1.857 do Código Civil, a Administração pode figurar como legatária no testamento do falecido, isto é, ter uma parte da herança deixada intencionalmente à figura pública. Já no segundo caso, não havendo herdeiros ou estes renunciando à herança, esta é declarada vacante nos termos dos arts. 1.819 e 1.820 do mesmo diploma legal. Nesse caso, os bens passarão ao município onde se encontram.

Receitas derivadas

As receitas derivadas advêm do patrimônio particular, pois o Estado tem poder para retirar de seus súditos parcelas de suas riquezas para a consecução de seus fins, que convergem para o bem-estar geral, por meio de tributos e de penalidades.

Essas receitas decorrem de uma relação de subordinação do particular em face do Estado, e não da autonomia das partes envolvidas. Como já mencionamos, os tributos são a forma clássica de captação de recursos, mas também as penalidades são receitas derivadas.

Na espécie *receita pública derivada*, os recursos financeiros são, portanto, provenientes das riquezas do particular, pessoa física ou jurídica, o que ocorre em razão da soberania do Estado exercida por meio da coerção sobre o sujeito passivo (particular) quando institui normas tributárias chanceladas pelo Legislativo.

Aqui, não há manifestação de vontade do particular, ao contrário, o indivíduo é submetido ao poder imperativo estatal. Retomando-se a analogia anteriormente usada, o Estado tira o "capacete de operário" e veste a "coroa", mantendo-se em um patamar de superioridade em relação aos particulares.

O CTN conceitua *tributo*, em seu art. 3º, como "toda prestação pecuniária compulsória, em moeda ou cujo valor nela se possa exprimir, que não constitua sanção de ato ilícito, instituída em lei e cobrada mediante atividade administrativa plenamente vinculada" (Brasil, 1966).

Diante do exposto, podemos extrair a primeira classificação das receitas derivadas, uma vez que, conforme o CTN, tributo não pode decorrer de ato ilícito, logo, distingue-se a multa do tributo. Ambos têm impacto positivo no orçamento, isso é bem verdade, além de sua característica de receita derivada, mas a **multa** decorre da prática de um ato ilícito, ao passo que o **tributo** decorre de uma conduta comum do particular.

Quanto ao impacto no orçamento, é correto afirmar que os tributos são a principal fonte de receita pública. Com o advento da CF/1988, a principal função do Estado democrático de direto é garantir a efetiva prestação das garantias e dos direitos individuais, sendo essa prestação financiada por meio da cobrança dos tributos, dispondo cada vez menos de patrimônio próprio.

O processo de privatização das empresas públicas, que constitui a autorização a entidades particulares para explorar as riquezas minerais e energéticas do território nacional, é uma tendência crescente nos países onde prevalecem os ideais do Estado liberal de direito.

Voltando à classificação das receitas públicas derivadas, podemos dividi-las em orçamentárias ou extraorçamentárias. A diferença consiste na previsão ou não na lei orçamentária e na previsão ou não de uma possível devolução dos recursos (Abraham, 2017).

As **receitas públicas derivadas orçamentárias**, como dito, são aquelas incluídas na lei orçamentária, devendo ser descrito o ingresso de receita, temporário ou definitivo, que deverá ser aplicado nas demandas abarcadas pelo orçamento público.

Já as **receitas públicas derivadas extraorçamentárias** são decorrentes de dois requisitos; o primeiro, por óbvio, é a não previsão no orçamento, e o segundo é a necessidade de devolver os recursos que ingressaram temporariamente.

Contudo, não basta a falta de previsão no orçamento público para que uma receita seja denominada de *extraorçamentária*, isso porque existem receitas que não estão previstas na lei orçamentária do referido exercício e, mesmo assim, enquadram-se na classe das receitas orçamentárias, a exemplo do excesso de arrecadação.

Outro ponto que merece destaque é a questão do patrimônio líquido da Administração. Com viés puramente contábil, a **receita pública efetiva** constitui-se nos acréscimos patrimoniais que, além de aumentarem a riqueza, não obrigam a Administração no formato de contrapartida. Nesses casos, temos, por exemplo, as receitas tributárias.

Já as **receitas não efetivas** são aquelas em que o ingresso da receita não altera o caixa da Administração, pois insere o que chamamos de *mutação patrimonial*, fenômeno que tem como efeito a diminuição da riqueza, em razão de aumentar as despesas.

Nesse sentido, concomitantemente à entrada de recursos, ocorre uma onerosidade, um ônus ou a assunção de uma obrigação correspondente. Citamos como exemplos as operações de crédito e o empréstimo público.

Receitas transferidas

As receitas transferidas são as decorrentes de recursos entre os entes da Federação. Não se trata de receita captada pelo exercício de atividades do Estado, tampouco de imposição do Estado para seus súditos. As receitas transferidas podem decorrer de previsão constitucional ou por vontade do ente da Federação. Essas transferências voluntárias têm previsão no art. 25 da LRF:

> Art. 25. Para efeito desta Lei Complementar, entende-se por transferência voluntária a entrega de recursos correntes ou de capital a outro ente da Federação, a título de cooperação, auxílio ou assistência financeira, que não decorra de determinação constitucional, legal ou os destinados ao Sistema Único de Saúde. (Brasil, 2000b)

As chamadas *receitas transferidas* são desejadas pelos entes da Federação, em especial por estados e municípios. No entanto, para fazer jus a elas, não basta só a vontade de dar e receber, a LRF faz exigências severas para que isso ocorra, conforme disposto nos parágrafos do artigo citado.

Como exemplo de receitas transferidas decorrentes da CF/1988, citamos o IPVA, porque o estado cobra (então, para o estado, é uma receita derivada) e, por dever constitucional, transfere para o município (para este é uma receita transferida).

Essas transferências intergovernamentais concentram-se nos repasses financeiros entre diferentes esferas de governo, sejam obrigatórios, sejam voluntários, com fundamento constitucional ou instituídos por lei, como mencionamos.

Esses repasses têm a finalidade de garantir que os entes estaduais e municipais tenham condições de exercer suas atribuições de maneira adequada, garantindo autonomia financeira e equilíbrio fiscal.

A necessidade de tais repasses se verifica por força dos princípios constitucionais e, particularmente, do art. 3º da Carta Magna, que prevê a igualdade social entre os estados. Porém, esse ideal de justiça social somente pode ser alcançado com igualdade de recursos, ainda que a arrecadação seja diferenciada, ou seja, que os repasses sejam efetuados por parte de quem arrecada mais (Conti, 2001).

Essas transferências podem ser obrigatórias, previstas nos arts. 157 a 161 da CF/1988, sendo livres para que o ente receptor delibere sobre sua destinação, além de não haver o compromisso de contrapartida. Outra característica dessa modalidade de transferência é que ela ocorre de maneira automática e periódica. Isso normalmente acontece na transferência de fundo a fundo, pois o Fundo de receitas da União transfere recursos ao Fundo de receitas dos estados, e estes transferem para o Fundo dos municípios.

Claro que pode um ente estatal transferir recursos além da determinação constitucional, com as chamadas *transferências públicas intergovernamentais voluntárias*, tendo o governante emissor (aquele que manda recursos) discricionariedade para mandar o valor ao destinatário de sua escolha, desde que observe o critério de justiça social, elencado no art. 3º da CF/1988, e não comprometa o próprio orçamento.

Receitas públicas extraordinária e ordinária

Outra questão a ser considerada é que o dinheiro que entra para a Administração pode ser definitivo ou temporário. Assim, se for um empréstimo, este terá, por óbvio, de ser devolvido; logo, trata-se de uma **receita pública extraordinária**, visto que não é dotada de uma periodicidade, mas oriunda de uma situação pontual, como no caso de um empréstimo para reparação de uma calamidade pública, conforme autorizado pelo art. 148, inciso II, da CF/1988.

Já a **receita pública ordinária** diz respeito aos bens que se integram de forma definitiva ao patrimônio estatal; além de serem fontes perenes da arrecadação, são dotadas de periodicidade.

A Lei n. 4.320/1964 não diferencia receita pública e a existência ou não de contraprestação do passivo. Dessa forma, ao interpretarmos o art. 11 de tal lei, entendemos que todo ingresso de recurso financeiro ao Estado, com ou sem efeito de aumento patrimonial, é receita pública, por força do princípio da unidade da tesouraria.

> O princípio da unidade da tesouraria estabelece a obrigatoriedade de manter receitas em conta única do Tesouro, sendo vedada a fragmentação dos valores auferidos pela União em caixas especiais. Ele encontra fundamento no art. 56 da Lei n. 4.320/1964 e no art. 1º do Decreto-Lei 93.872/1986.

Nesse sentido, considerando que todas as entradas de recurso fazem parte da receita pública, podemos novamente dividi-las em dois grupos: o das **receitas públicas orçamentárias**, que estão previstas no orçamento público, tal como o produto oriundo dos impostos, e o das **receitas públicas extraorçamentárias**, que, como o nome sugere, não estão previstas no orçamento, tais como empréstimos públicos, fianças e cauções dadas em garantia.

Receita de capital e receita corrente

Por força do art. 56 da Lei n. 4.320/1964, não é permitido deixar de contabilizar nenhum recurso que entre para a Administração (princípio da unidade da tesouraria), nem declará-lo como "receita provisória", afinal, essa figura não existe na referida lei. É preciso estabelecer, conforme o diploma legal, se a entrada gera uma receita de capital ou uma receita corrente (Harada, 2017).

As **receitas correntes** são as que resultam das atividades do Estado de modo geral, tais como a receita decorrente da tributação do uso do patrimônio público e as transferências constitucionais e voluntárias. Essas receitas estão previstas no art. 11, parágrafo 1º, da Lei n. 4.320/1964.

As **receitas de capital** são os recursos decorrentes de operações externas, como operações de endividamento, além do superávit do orçamento corrente, conforme previsto no art. 11, parágrafo 2º, da Lei n. 4.320/1964, apesar de não entrar como receita orçamentária, de acordo com o disposto no parágrafo 3º do mesmo artigo.

3.3 *Repartição das receitas*

É pacífico na doutrina que a repartição das receitas tem natureza jurídica no campo do direito tributário, uma vez que, geograficamente, está inserida no capítulo da Constituição que define as regras do Sistema Tributário Nacional. Contudo, não afeta em absolutamente nada os particulares contribuintes, e sim as entidades tributantes.

Existe uma diferença, meramente acadêmica, entre as formas de federalismo que dividem o produto da arrecadação dos tributos. De um lado, o federalismo fiscal patrimonial trata do rateio da receita originária, oriunda da atividade econômica realizada pelo Estado. De outro lado, o federalismo fiscal tributário trata do rateio dos produtos da arrecadação dos tributos (receita derivada).

Normalmente, a competência para arrecadação de tributos é privativa, dando a cada ente federativo (municípios e estados-membros) a autonomia de cobrar os próprios impostos; porém, igualmente comum é a possibilidade de que um ente tenha participação na receita de outro.

Não podemos deixar de notar o gigantismo da União em relação aos demais entes federativos, visto que ela detém os principais impostos, além de competência residual sobre essa matéria (Harada, 2017).

A primeira impressão a respeito da possibilidade de participação na receita do imposto alheio é de favorecimento às "entidades menores". No entanto, infelizmente não é bem assim, pois, à medida que um ente recebe participação do imposto alheio, sua autonomia vai sendo mitigada, isso porque existem inúmeros entraves burocráticos, principalmente na seara política, que se insurgem contra o recebimento oportuno de tais participações, sem contar as limitações e os condicionamentos que "vêm de carona" no repasse e na legislação infraconstitucional, que impõe o direcionamento das receitas recebidas.

Segundo a CF/1988, em seus arts. 157 a 160, existem três modalidades de participação na receita tributária: (1) participação dos estados-membros e dos municípios no produto da arrecadação dos impostos de competência impositiva da União; (2) participação no produto de impostos de receita partilhada; e (3) participação nos fundos.

A primeira modalidade tem sua previsão já nos arts. 157, inciso I, e 158, inciso I, os quais dispõem que pertencem às respectivas entidades e autarquias as parcelas do imposto sobre a renda retida na fonte, incorporando-se automaticamente às respectivas receitas correntes.

A segunda modalidade caracteriza-se pela participação no produto de impostos de receita partilhada, estes previstos nos arts. 157, inciso II, 158, incisos II, III, IV, e 159, inciso III, da CF/1988. Nesse exemplo, o imposto apresenta limitações constitucionais quanto à sua pertença, ou seja, se o imposto já nasce pertencendo a mais de um ente administrativo, deve aquele que arrecada devolver o valor respectivo às entidades participantes por direito, porque a elas pertence por força da determinação constitucional.

A terceira e última modalidade possível concentra-se na participação dos fundos, regulada pelo art. 159 da CF/1988. O ente beneficiado tem uma garantia de receber a porcentagem que lhe cabe sobre os fundos nacionais. Com vistas a desviar de manipulações de políticas e barganhas para a entrega dos recursos aos entes contemplados, foi estabelecida a regra do art. 160, que veda a retenção ou qualquer tipo de restrição ao repasse dos recursos destinados aos entes beneficiados, pelo instituto da repartição de receitas, sejam estados-membros, seja o Distrito Federal, sejam municípios.

> O termo *repasses* é inadequado para abranger a totalidade das verbas do Fundo percebidas pelo município. *Repassar* significa "passar de novo", ou seja, transferir o que se recebeu. A única hipótese de repasse é a do parágrafo 3º do art. 159 da CF/1988, em que o Estado transfere 25% dos 10% do Imposto sobre Produtos Industrializados (IPI) que receber da União (art. 159, II, da CF/1988).

3.4 Estágios da receita pública

A captação de receitas públicas é um ato composto por três estágios, já que são necessários seu planejamento e a efetiva contabilização para que a Administração possa obter um planejamento eficaz. São três os estágios da captação de receita: previsão, arrecadação e recolhimento.

A **previsão** de receita pública corresponde à estimativa de arrecadação. Essa projeção de arrecadação se faz indispensável na medida em que, sendo possível mensurar os valores do montante, pode-se saber o quanto dela será afetado para custear os programas sociais e demais despesas da Administração.

O segundo estágio, a **arrecadação**, resume-se ao pagamento dos recursos devidos, ato realizado pelo contribuinte, que paga aos agentes arrecadadores ou a instituições financeiras autorizadas pelo mesmo ente público. Importante salientar que é à luz da arrecadação que a receita pública é classificada, de modo a possibilitar a correta destinação daquele recurso, identificando-se o gênero e a espécie da receita arrecadada.

O terceiro estágio da receita pública consiste na **transferência** dos valores arrecadados para o Tesouro por meio de conta específica, visto que é dele a responsabilidade pela administração e pelo controle da arrecadação, nos termos do art. 56 da Lei n. 4.320/1964.

Por fim, ressaltamos algumas classificações remanescentes no que concerne às receitas públicas. Trata-se de classificações que geram menor impacto, e muitas delas são meramente acadêmicas, mas não podemos deixar de mencioná-las. Vejamos:

- **Receita compartilhada** – É a receita pública que pertence a mais de um ente federativo, independentemente do tipo de arrecadação e distribuição e de sua classificação.
- **Receita prevista, estimada ou orçada** – Nada mais é do que o volume de recursos que estão previstos no orçamento do

administrador, que será arrecadado em um próximo exercício financeiro (previsão futura).

- **Receita vinculada** – É quando a receita arrecadada tem uma destinação específica estabelecida em lei. Essa afetação da receita acaba com a discricionariedade do governante quanto à destinação, uma vez que ela já tem destino certo.
- **Receitas compulsórias** – São as receitas impostas aos particulares por força de lei. São exemplos os tributos e as contribuições.
- **Receitas facultativas** – São aquelas que têm caráter bilateral, ou, em outras palavras, que decorrem da vontade das pessoas. Como exemplo temos os aluguéis de prédios públicos, as tarifas e os preços públicos.
- **Receitas de fontes diversas** – São aquelas que podem ocorrer de diferentes formas, provenientes de distintas esferas governamentais e entidades. Como exemplos, citamos os convênios e as operações de créditos – estas últimas, por serem originárias de terceiros, em determinados casos, terão de ser devolvidas.
- **Receita líquida** – É a hipótese de sobra de recursos resultante da diferença entre a receita bruta e as deduções autorizadas na legislação. O saldo, se positivo, configura receita líquida.
- **Receita de indenização** – É o recebimento resultado da compensação de prejuízo causado por terceiros na intenção de reparar as perdas sofridas.
- **Receita de restituição** – É o recebimento oriundo de devolução de um recurso que se encontra indevidamente em posse de outro. A restituição pode ser decorrente de mudança na legislação, que altera o entendimento atual e cria um direito de resgate do que fora anteriormente pago (Abraham, 2017).

3.5 Receitas públicas sob a ótica da Lei de Responsabilidade Fiscal (LRF)

Conforme a disciplina imposta pela LRF, vejamos, a seguir, como ocorrem a arrecadação e a renúncia de receita.

Arrecadação de receita

Segundo a LRF, o governante não pode simplesmente deixar de arrecadar um tributo cuja instituição e manejo lhe sejam atribuídos pela Constituição Federal. O art. 11 da referida lei impõe, sob pena de responsabilização, a "instituição, previsão e efetiva arrecadação de **todos** os tributos da competência constitucional do ente da Federação" (Brasil, 2000b, grifo nosso). Portanto, se o governante deixar de criar ou disciplinar um tributo de forma deliberada, uma vez que a Constituição tenha lhe atribuído essa competência, estará agindo em desacordo com o dever da responsabilidade fiscal.

O dispositivo citado trata de tirar o caráter de "optativo", tornando uma obrigação para o ente a captação de tais recursos. Piscitelli (2018) explica que isso não se confunde com a proibição de instaurar isenções ou benefícios, como incentivos fiscais, por exemplo.

Nesse contexto, a obrigatoriedade da arrecadação dos tributos está voltada para impedir a inércia da Administração em relação à possibilidade de gerar receita, mas, como dito, não se confunde com as decisões políticas do governante, desde que justificadas.

Ao governante que descumprir a determinação do art. 11 da LRF, cabe uma curiosa penalidade, qual seja, a impossibilidade de receber transferências voluntárias, isto é, os repasses de verbas provenientes de auxílio financeiro de outras unidades da Federação.

Neste momento, você deve estar se perguntando: A União fere tal dispositivo ao deixar de criar o Imposto sobre Grandes Fortunas (IGF), previsto no art. 153, inciso VII, da Constituição Federal? Nessa hipótese, de fato há uma mácula ao princípio da responsabilidade fiscal. No entanto, se a União deixar de estipular ou cobrar esse tributo, embora, em tese, sujeita à penalidade de impossibilidade de receber repasses voluntários de outros entes, na prática isso nada lhe acarretará, pois a União não recebe tais repasses, pelo contrário, é ela quem os faz. Nesse sentido, não há efeitos práticos pela não instituição do referido tributo.

Superada a necessidade de previsão da receita, com os efeitos da obrigação do ente em prever a captação das receitas, a disposição delas na LOA e na LDO é disciplinada pelo art. 12 da LRF, o qual impõe que a previsão não pode ser algo vago, aleatório e sem fundamentos. Ao contrário, o dispositivo traz requisitos como a observância da variação do índice de preços, do crescimento econômico e/ou de qualquer outro fator relevante, devendo a previsão ser acompanhada de demonstrativo de sua evolução nos últimos três anos (Piscitelli, 2018).

Em consonância com essa previsão, garantindo ainda mais o vínculo entre a previsão orçamentária da receita e a realidade, o art. 13 da LRF impõe a obrigação ao Executivo, no prazo máximo de 30 dias após a publicação dos orçamentos, de especificar as receitas previstas em metas bimestrais de arrecadação.

Esse dispositivo visa assegurar que a previsão da receita seja realizada na forma como descrita e impõe, também, que tal previsão encontre fundamento nas situações reais, fáticas e vigentes no ano de aplicação da LDO e da LOA.

Quando analisamos os parágrafos do art. 12, encontramos no primeiro uma limitação quanto às hipóteses de "reestimativa" da receita, isto é, de corrigir ou retificar as previsões de receita por parte do Poder Legislativo, estando este obrigado a indicar apenas as situações em que reste comprovado erro ou omissão de ordem técnica ou legal.

Desse modo, a regra é que as previsões de receitas indicadas nos projetos elaborados pelo Poder Executivo e encaminhados para o Legislativo não sofram modificações no curso da votação e discussão do orçamento. Importante destacar que é preciso evitar que o poder fique todo na mão do Executivo, devendo-se trazer à baila o parágrafo 3º do art. 12, que impõe ao Executivo a regra de colocar à disposição dos demais poderes e do Ministério Público, pelo menos 30 dias antes do envio das propostas orçamentárias, os estudos e as estimativas de receitas para o exercício seguinte, bem como as respectivas memórias de cálculo.

Já o parágrafo 2º desse dispositivo, no que diz respeito ao montante das receitas, estabelece uma regra mais específica: determina que as receitas não possam superar os valores das despesas de capital previstas no projeto da LOA. Em palavras mais simples, isso significa que as receitas provenientes de operações de crédito (empréstimos, por exemplo) não podem ser maiores que as despesas do ente, de maneira a evitar o endividamento e o aumento do patrimônio público (Piscitelli, 2018).

Renúncia de receita

O último instituto disciplinado na LRF que diz respeito às receitas públicas é a renúncia, prevista no art. 14. Nos termos do parágrafo 1º desse dispositivo, estará caracterizada a renúncia de receita sempre que se fizer presente algum benefício de natureza fiscal ou tributária cujo resultado seja a **redução dos ingressos nos cofres públicos**. Isso quer dizer que, sempre que o ente beneficiar um particular em detrimento dos demais para conceder isenções, reduções nas alíquotas, anistias ou mesmo créditos presumidos, estará o ente renunciando à receita de tais tributos.

Embora não seja considerada um gasto público (despesa), afinal não há necessidade de usar o dinheiro público no caso de renúncia, a não arrecadação impacta o orçamento, pois mitiga os recursos públicos.

Assim, as renúncias são classificadas como *gastos tributários*, justificáveis em razão da necessidade de políticas sociais ou empresariais.

Portanto, devemos presumir que uma renúncia de receita, uma vez que impacta o orçamento público, não pode ser feita de forma aleatória e deliberada, ao contrário, precisa obedecer a rigorosos requisitos: (a) estar acompanhada da estimativa de impacto orçamentário pela ausência da receita, isso no exercício da renúncia e nos exercícios subsequentes; e (b) estar em conformidade com o disposto na LDO e demonstrar que não haverá prejuízo para as metas ou os planos contidos na LDO, ou estar acompanhada de um demonstrativo de compensação, isto é, demonstrar que a isenção ou subsídio pode ser compensado (Piscitelli, 2018).

O primeiro item, **estimativa do impacto no orçamento**, tem como objetivo a demonstração de que a renúncia da receita impactará de forma negativa o orçamento público. Claro que há de se deduzir que haverá uma queda na arrecadação, mas algumas justificativas políticas e especialmente econômicas podem superar essa queda, como as ações de fomento de determinadas áreas econômicas.

Já no segundo, a obrigatoriedade de cumprir ou um ou outro requisito, o primeiro deles diz respeito à demonstração de que a **renúncia está contemplada na LOA** (por ocasião da estimativa de receitas) e, claro, não haverá prejuízo nas metas estabelecidas na LDO. Isso serve para garantir que a estimativa da receita contida na LOA seja real, e não apenas uma previsão dissimulada, criada com fins específicos de renúncia.

Ainda quanto ao segundo requisito, a opção que pode ser usada pelo governante diante da impossibilidade de a renúncia estar contemplada na LOA são as **medidas de compensação**, que constituem o aumento da receita em outros tributos. Nesse caso, o objetivo é matemático, ou seja, garantir que não haverá perda da receita, assegurando-se que, apesar da renúncia em um ponto, haverá compensação em outro. Dessa forma, na prática, não há redução de receita ao erário, o que ocorre é a mudança da fonte da qual será proveniente.

> O Tribunal de Contas da União já se manifestou no sentido de que tais medidas de compensação são consideradas cumpridas a partir da elevação de dado tributo, na data de publicação do instrumento normativo, mesmo que este se submeta ao princípio da anterioridade.

Importante destacar as exceções trazidas no parágrafo 3º do mesmo dispositivo, que prevê a possibilidade de conceder renúncias, sem a observância dos requisitos já citados, nos casos de: (a) mera alteração de alíquotas dos impostos extrafiscais, que estejam em consonância com os dizeres do art. 153, parágrafo 1º, da CF/1988; e (b) renúncia de débitos devidos ao ente, desde que seja o débito menor que os custos de cobrança, pois, por questões óbvias, não faria sentido gastar dez para cobrar cinco (Piscitelli, 2018).

> *Para saber mais*
> CREPALDI, S. A.; CREPALDI, G. S. **Orçamento público:** planejamento, elaboração e controle. São Paulo: Saraiva, 2013.
> Essa obra objetiva despertar o interesse da sociedade em geral, bem como capacitá-la, com relação ao acompanhamento e ao controle de recursos públicos.

Síntese

A receita pública representa a entrada de ativos financeiros nos cofres públicos. Nesse sentido, por meio dos mecanismos de planejamento, é necessário que a receita venha antes da despesa, a fim de possibilitar ao governante realizar as necessidades básicas dos cidadãos de forma transparente e responsável.

São várias as classificações de receita. Sob o viés contábil, a receita pode ser classificada como: corrente, de capital, patrimonial, agropecuária, industrial, de serviços, por transferências, outras receitas correntes, operações de crédito, entre outras.

A captação da receita pública divide-se basicamente em quatro etapas: a primeira é a previsão, que constitui o planejamento; a segunda é o lançamento, que é a constituição do crédito tributário; a terceira é a arrecadação, que se concentra no pagamento dos tributos ou dívidas; e, por fim, a quarta é o recolhimento, que é a efetiva transferência dos recursos ao ente público.

O segundo viés de classificação da receita pública é de natureza jurídica. Nesse caso, as receitas são classificadas como originárias ou derivadas: a primeira é fruto da exploração da atividade econômica pelo Estado, e a segunda decorre do poder de autoridade exercido pelo ente sobre um particular.

Por fim, analisamos as etapas da receita pública sob a ótica da LRF, esmiuçando os artigos que tratam do tema, sejam referentes à arrecadação, que é imposta ao ente, não podendo ele deixar de arrecadar, sejam relacionados à renúncia, que ocorre sempre que o ente não cobra um tributo ou dívida do particular, obedecendo a critérios trazidos pela lei.

Questões para revisão

1. Qual é a justificativa do Estado democrático de direito para cobrar tributos sobre as propriedades e os serviços dos cidadãos?
    a. A soberania nacional.
    b. O poder coercitivo e o poder de polícia.
    c. A necessidade de gerar recursos para garantir os direitos básicos dos cidadãos.
    d. A desiguldade social no Brasil, que cria a necessidade de taxar as propriedades dos ricos para distribuir aos menos favorecidos.

2. Qual é a diferença entre receita pública originária e derivada?
   a. Na originária, o Estado usa seu poder coercitivo para cobrar tributos; na derivada, ele gera receita por intermédio dos meios de produção.
   b. Na derivada, o Estado usa seu poder coercitivo para cobrar tributos; na originária, ele gera receita por intermédio dos meios de produção.
   c. A receita pública derivada é de uso obrigatório; já a originária pode ser acumulada para o próximo exercício.
   d. A receita originária é fruto da venda de bens públicos; já a derivada advém dos tributos em geral.

3. As quatro etapas da receita pública são:
   a. previsão, lançamento, arrecadação e recolhimento.
   b. recolhimento, cobrança, aplicação e distribuição.
   c. arrecadação, aplicação, investimento e distribuição.
   d. previsão, cobrança, lançamento e recolhimento.

4. Quanto à arrecadação da receita, pode o governante deixar de cobrar uma dívida ou um tributo? Se positivo, em quais hipóteses?

5. A União, ao não instituir o Imposto sobre Grandes Fortunas, fere o princípio da responsabilidade fiscal? Explique.

Questão para reflexão

1. Considerando que é atribuição do Estado suprir as principais necessidades dos cidadãos e que, para tanto, faz-se necessário arrecadar recursos financeiros, reflita sobre as receitas que você, de alguma forma, gera para o Estado, seja pagando o Imposto Predial e Territorial Urbano (IPTU), seja pagando por um serviço prestado. Depois, manifeste-se sobre a carga tributária no Brasil.

capítulo quatro

Despesa pública

Conteúdos do capítulo:

+ Conceito de despesa pública.
+ Classificações contábil, jurídica e institucional da despesa pública.
+ Elementos essenciais da despesa pública.
+ Despesas públicas constitucionalmente obrigatórias.
+ Despesa pública sob o enfoque da Lei de Responsabilidade Fiscal (LRF).
+ Judicialização das despesas públicas.

Após o estudo deste capítulo, você será capaz de:

1. conceituar *despesa pública*;
2. classificar as despesas públicas sob as óticas contábil, jurídica e institucional;
3. entender os elementos e as etapas da despesa pública;
4. verificar se o governante de sua cidade está cumprindo com as despesas obrigatórias;
5. compreender os impactos da judicialização das políticas públicas.

É possível notar que o orçamento público traz uma linguagem essencialmente contábil e, de forma breve, podemos afirmar que se trata de uma conta que possibilita antecipar as situações patrimoniais, registrar a movimentação patrimonial e demonstrar resultados patrimoniais (Giacomoni, 2017).

Como vimos no Capítulo 2, o orçamento é um instrumento de análise, uma vez que é por meio dele que se verifica qualquer variação nos elementos patrimoniais. Por outro lado, o orçamento também é um instrumento de síntese quando demonstra os resultados da gestão. Assim, são de suma importância a seleção e o ordenamento das contas dentro do orçamento, visto que essa análise e a síntese da gestão por meio do orçamento têm implicações políticas, administrativas, econômicas, financeiras, contábeis, entre outras (Giacomoni, 2017).

4.1 Conceito, natureza jurídica e características das despesas públicas

Diferentemente da forma como comumente entendemos a palavra *despesa*, no âmbito da Administração Pública não se refere a algo com conotação negativa, pelo contrário, representa um investimento, uma possibilidade de empregar recursos públicos para satisfazer uma necessidade, seja pela contratação de um serviço, seja pela aquisição de um bem.

Um dos pilares do Estado democrático de direito é a limitação que o governante tem quando se trata de gastos, e um dos princípios latentes nesse sentido é o da legalidade, que, como vimos anteriormente, impossibilita a realização de pagamentos (custos) sem que estes estejam autorizados em lei, o que enseja a necessidade das leis orçamentárias.

Podemos conceituar **despesa pública** como a aplicação de certa importância em dinheiro pelo governante, diante da autorização do Poder Legislativo, para a execução de serviços a cargo do governo

(Campos, 2005). Assim, podemos entender que despesa pública é todo dispêndio de dinheiro público, autorizado em lei, para suprir necessidades de interesse público.

Sob a perspectiva **política**, cada governante, conforme sua ideologia, pode priorizar uma ou outra área no que se refere às despesas públicas. Do ponto de vista **financeiro**, o objeto principal da despesa pública é o dinheiro, uma vez que o Estado não tem a pretensão de acumular riqueza, e sim atender às necessidades sociais. Um último viés da despesa pública é o **jurídico**, afinal, como dito, a despesa não pode ser discricionária, deve sempre estar prevista em lei apreciada pelo Poder Legislativo.

Em síntese, a despesa pública são os gastos do Estado cuja finalidade precípua é realizar as necessidades da sociedade, incluindo-se todos os gastos para o funcionamento da máquina pública necessária para atender à finalidade da Administração Pública.

Importante lembrar que toda despesa pública somente pode ser realizada quando existe a receita pública correspondente.

> Toda despesa depende da indicação da receita que lhe fará frente e também da **autorização do Poder Legislativo**.

A autorização, via de regra, é feita na aprovação da Lei Orçamentária Anual (LOA), como mostramos no Capítulo 2, a qual é uma das três leis que compõem o orçamento público. Na LOA constam detalhadamente as receitas e as despesas para aquele exercício.

Entretanto, determinada despesa pode tornar-se necessária e não estar prevista na LOA. Nesse caso, deve ocorrer a abertura de um crédito suplementar, de que trataremos no próximo capítulo. Para que isso ocorra, deve ser editado um ato normativo específico autorizando aquela despesa que não estava prevista ou cuja previsão tornou-se insuficiente. A necessidade desse ato normativo decorre do princípio da legalidade (Piscitelli, 2018).

Quanto à **natureza jurídica** das despesas públicas, por muito tempo foi definida como puramente política, isto é, o governante, por critérios eminentemente políticos/ideológicos, estabelecia as trajetórias das despesas (Oliveira, 2019).

Com o advento da Constituição Federal (CF) de 1988, cada vez mais se passou a utilizar critérios jurídicos para direcionar as despesas e definir o que é prioridade, a exemplo do art. 3º, que prevê os objetivos fundamentais da República Brasileira (Brasil, 1988). Nesse sentido, podemos afirmar que emergiu uma nova corrente de pensamento, segundo a qual a natureza da despesa é jurídico-constitucional (Abraham, 2017).

Desse modo, mesmo sendo competência privativa do chefe do Poder Executivo deliberar sobre a destinação das receitas públicas, para a cobertura das despesas públicas da forma que entender mais conveniente, é preciso seguir uma ordem de prioridades.

Em primeiro lugar, não se pode deixar de realizar as despesas obrigatórias, previstas pela Constituição, seja por meio de seus comandos imperativos, seja pelas normas definidoras de direitos, sem falar nas garantias fundamentais.

Em segundo lugar, cabe ao administrador/gestor, obrigatoriamente, destinar a receita, oriunda dos tributos vinculados, para as despesas públicas previstas na respectiva lei.

Finalmente, no caso das eventuais "sobras", os recursos devem ser destinados de acordo com os princípios constitucionais, previstos no art. 3º. Afinal, como preconizava Rui Barbosa (1933), a Constituição não contém meros conselhos, avisos ou lições, já que todas as suas previsões são dotadas de força imperativa de regra.

Claro que existe possibilidade de o governante decidir as especificidades da despesa; a vinculação constitucional estabelece, por exemplo, um percentual mínimo a ser empregado em educação e saúde, mas cabe ao administrador decidir se contratará médicos ou se construirá hospitais.

Dessa forma, podemos destacar que, apenas depois de observadas as despesas obrigatórias, restaria ao administrador certa "discricionariedade" para decidir sobre as despesas públicas.

4.2 Classificação contábil

O orçamento público tem vários objetivos e, para atender a cada um deles, a despesa deve ser classificada com base em critérios diferentes.

Assim, a classificação das despesas pode ser feita com base nos seguintes critérios:

a. data de aquisição;
b. objeto ou item das despesas;
c. órgão ou entidade que fez a aquisição;
d. programa que utilizará o objeto da despesa;
e. programa segundo o tipo de realização;
f. efeito econômico da despesa.

No entanto, para que não se utilizem no orçamento classificações muito extensas, os critérios adotados no orçamento público são aqueles que possibilitam uma análise e uma síntese mais adequadas. Para tanto, as despesas devem ser organizadas com vistas a:

a. facilitar a formulação de programas;
b. contribuir para a efetiva execução do orçamento;
c. servir ao objetivo da prestação de contas;
d. possibilitar a análise dos efeitos econômicos das atividades governamentais.

Para o atendimento desses critérios, a Lei n. 4.320, de 17 de março de 1964, classifica as despesas em: institucional, funcional, por programas e segundo a natureza (Brasil, 1964). Vejamos cada uma delas a seguir.

Classificação institucional

A classificação institucional, ou por departamento, tem por finalidade demonstrar quais unidades da Administração Pública executarão as despesas, já que cada órgão da Administração deve seguir a programação orçamentária para controlar suas despesas.

Esse tipo de classificação tem como vantagens permitir a comparação dos gastos por departamento de acordo com as dotações recebidas; identificar o agente responsável pelas despesas; e auxiliar no cálculo dos custos dos serviços ou das unidades administrativas.

Todavia, a classificação institucional dificulta uma visão geral das finalidades dos gastos do governo, além de gerar rivalidades entre as organizações no momento da distribuição dos recursos e até uma interpretação equivocada dos munícipes com relação aos gastos públicos.

Exemplificando

Imagine uma previsão orçamentária que destine o montante de R$ 200 mil à Procuradoria do município para estruturar o departamento e o montante de R$ 500 mil à Secretaria de Assistência Social para custear despesas. Isso poderia gerar uma discussão interna entre os departamentos e, até mesmo, externa, com vistas a justificar por que a Procuradoria precisaria de tantos recursos se não presta nenhum serviço aos munícipes, enquanto a Assistência Social, ao contrário, atende a população carente de várias formas.

Ocorre que é difícil visualizar que a Procuradoria precisa estruturar-se para conseguir recuperar, por meio de demandas judiciais cabíveis, os tributos não pagos pelos munícipes. Sem estrutura de computadores, programas de controle de prazos e acesso rápido à legislação, esse trabalho restará prejudicado, além do fato de que, quanto mais tributos recuperados, mais serviços poderão ser prestados à população.

A classificação institucional separa as despesas por departamento, considerando duas categorias: órgão de governo e unidade orçamentária, conforme os arts. 13 e 14 da Lei n. 4.320/1964.

O órgão de governo é a unidade administrativa, e a unidade orçamentária é uma repartição do órgão ou um agrupamento de serviços que se subordinam a determinado órgão. É da unidade orçamentária a responsabilidade pelo planejamento e pela execução de certos projetos e atividades, assim como é da unidade a competência para autorizar a despesa e/ou empenhá-la (Giacomoni, 2017).

Como vimos nos capítulos anteriores, todos os entes da Federação têm seus orçamentos e seguem cada qual o plano de contas previsto na Lei n. 4.320/1964, ou seja, o plano de contas dos órgãos e das unidades orçamentárias. Entretanto, nem todos os setores aparecem no orçamento, sendo mais comum constarem somente as unidades responsáveis pela execução do programa contemplado no orçamento (Giacomoni, 2017).

> Vamos visualizar o órgão e a unidade orçamentária dentro do orçamento da União (Giacomoni, 2017):
> - Aparecem no orçamento os órgãos federais: Legislativo, Judiciário e Executivo.
> - O Executivo se divide em órgãos: Presidência da República, Ministério da Agricultura, Ministério da Educação, Ministério da Saúde etc.
> - Cada órgão se divide em unidades orçamentárias: o órgão Ministério da Educação, por exemplo, tem várias unidades orçamentárias – Universidade Federal do Rio de Janeiro, Universidade Federal do Paraná etc.

Importante destacar que o orçamento federal, modificando esse entendimento ora explicitado, também caracteriza como órgão algumas despesas ou encargos que não são unidades administrativas. Consta no orçamento da União como órgão "Encargos financeiros da União", "Transferências a estados, Distrito Federal e municípios", "Operações oficiais de crédito" e "Refinanciamento da dívida pública mobiliária federal". Isso ocorre por conta dos vastos recursos designados para essas despesas, sendo necessário um controle mais detalhado de cada uma delas, o que justifica a exceção de classificar essas despesas como órgãos.

Classificação funcional

A classificação funcional ou por função teve início em 1939 com a edição do Decreto-Lei nº 1.804 e foi padronizada pelo Decreto-Lei n. 2.416/1940, por meio do qual estados e municípios passaram a adotar uma classificação por serviços e subserviços. Depois, com a publicação da Lei n. 4.320/1964, esse critério foi consagrado e dividido em dez funções, que, por sua vez, se subdividiam em dez subfunções (Giacomoni, 2017).

As **funções** previstas eram:

0 – Governo e Administração Geral
1 – Administração Financeira
2 – Despesa e Segurança
3 – Recursos Naturais e Agropecuários
4 – Viação, Transportes e Comunicações
5 – Indústria e Comércio
6 – Educação e Cultura
7 – Saúde
8 – Bem-Estar Social
9 – Serviços Urbanos

As **subfunções** da educação, por exemplo, eram:

6.0 – Administração
6.1 – Ensino Primário
6.2 – Ensino Secundário e Normal
6.3 – Ensino Técnico-Profissional

6.4 – Ensino Superior
6.5 – Ensino e Cultura Artística
6.6 – Educação Física e Desportos
6.7 – Pesquisas, Orientação e Difusão Cultural
6.8 – Patrimônio Artístico e Histórico
6.9 – Diversos

Esse tipo de classificação possibilitava a verificação do volume de recursos gastos pela unidade administrativa, mas não era possível vislumbrar as realizações efetivadas. Diante disso, surgiu, em 1974, a **classificação funcional-programática**. A classificação funcional foi desdobrada em um número maior de categorias, e o critério passou a ser a categoria *função*, ampliada para 16 funções; a categoria *subfunção* foi substituída por programas, que se subdividem em subprogramas, e estes em projetos e atividades, o que vigorou até 1999.

A principal finalidade da classificação funcional é fornecer informações suficientes para se fazer uma estatística dos gastos públicos.

Como vimos, a classificação funcional conta com duas categorias – função e subfunção – e, atualmente, compreende 28 funções e 109 subfunções.

> *Exemplificando*
>
> Por exemplo, a classificação funcional-programática da educação e cultura formava a Função 08; na nova classificação, passam a existir as Funções 12 e 13 (Giacomoni, 2017).

Por fim, as subfunções poderão ser combinadas com funções diferentes daquelas a que estejam vinculadas. Das 109 subfunções da nova classificação, mais da metade referia-se a programas ou subprogramas na classificação funcional-programática (Giacomoni, 2017).

As funções e as subfunções, de acordo com o Anexo da Portaria n. 42, de 14 de abril de 1999, do Ministério do Orçamento e Gestão, são as que constam no Quadro 4.1, a seguir.

Quadro 4.1 – Funções e subfunções de governo

Funções	Subfunções
01 – Legislativa	031 – Ação Legislativa
	032 – Controle Externo
02 – Judiciária	061 – Ação Judiciária
	062 – Defesa do Interesse Público no Processo Judiciário
03 – Essencial à Justiça	091 – Defesa da Ordem Jurídica
	092 – Representação Judicial e Extrajudicial
04 – Administração	121 – Planejamento e Orçamento
	122 – Administração Geral
	123 – Administração Financeira
	124 – Controle Externo
	125 – Normatização e Fiscalização
	126 – Tecnologia da Informatização
	127 – Ordenamento Territorial
	128 – Formação de Recursos Humanos
	129 – Administração de Receitas
	130 – Administração de Concessões
	131 – Comunicação Social
05 – Defesa Nacional	151 – Defesa Aérea
	152 – Defesa Naval
	153 – Defesa Terrestre
06 – Segurança Pública	181 – Policiamento
	182 – Defesa Civil
	183 – Informação e Inteligência
07 – Relações Exteriores	211 – Relações Diplomáticas
	212 – Cooperação Internacional
08 – Assistência Social	241 – Assistência ao Idoso
	242 – Assistência ao Portador de Deficiência
	243 – Assistência à Criança e ao Adolescente
	244 – Assistência Comunitária

(continua)

(Quadro 4.1 – continuação)

Funções	Subfunções
09 – Previdência Social	271 – Previdência Básica
	272 – Previdência do Regime Estatutário
	273 – Previdência Complementar
	274 – Previdência Especial
10 – Saúde	301 – Atenção Básica
	302 – Assistência Hospitalar e Ambulatorial
	303 – Suporte Profilático e Terapêutico
	304 – Vigilância Sanitária
	305 – Vigilância Epidemiológica
	306 – Alimentação e Nutrição
11 – Trabalho	331 – Proteção e Benefícios ao Trabalhador
	332 – Relação de Trabalho
	333 – Empregabilidade
	334 – Fomento ao Trabalho
12 – Educação	361 – Ensino Fundamental
	362 – Ensino Médio
	363 – Ensino Profissional
	364 – Ensino Superior
	365 – Educação Infantil
	366 – Educação de Jovens e Adultos
	367 – Educação Especial
	368 – Educação Básica (Linha acrescentada pela Portaria SOF nº 54, de 04.07.2011, DOU 05.07.2011)
13 – Cultura	391 – Patrimônio Histórico, Artístico e Arqueológico
	392 – Difusão Cultural
14 – Direitos da Cidadania	421 – Custódia e Reintegração Social
	422 – Direitos Individuais, Coletivos e Difusos
	423 – Assistência aos Povos Indígenas
15 – Urbanismo	451 – Infra-Estrutura Urbana
	452 – Serviços Urbanos
	453 – Transportes Coletivos Urbanos

(Quadro 4.1 – continuação)

Funções	Subfunções
16 – Habitação	481 – Habitação Rural
	482 – Habitação Urbana
17 – Saneamento	511 – Saneamento Básico Rural
	512 – Saneamento Básico Urbano
18 – Gestão Ambiental	541 – Preservação e Conservação Ambiental
	542 – Controle Ambiental
	543 – Recuperação de Áreas Degradadas
	544 – Recursos Hídricos
	545 – Meteorologia
19 – Ciência e Tecnologia	571 – Desenvolvimento Científico
	572 – Desenvolvimento Tecnológico e Engenharia
	573 – Difusão do Conhecimento Científico e Tecnológico
20 – Agricultura	601 – Promoção da Produção Vegetal
	602 – Promoção da Produção Animal
	603 – Defesa Sanitária Vegetal
	604 – Defesa Sanitária Animal
	605 – Abastecimento
	606 – Extensão Rural
	607 – Irrigação
21 – Organização Agrária	631 – Reforma Agrária
	632 – Colonização
22 – Indústria	661 – Promoção Industrial
	662 – Produção Industrial
	663 – Mineração
	664 – Propriedade Industrial
	665 – Normalização e Qualidade

(Quadro 4.1 – conclusão)

Funções	Subfunções
23 – Comércio e Serviços	691 – Promoção Comercial
	692 – Comercialização
	693 – Comércio Exterior
	694 – Serviços Financeiros
	695 – Turismo
24 – Comunicações	721 – Comumicações Postais
	722 – Telecomunicações
25 – Energia	751 – Conservação de Energia
	752 – Energia Elétrica
	753 – Combustíveis Minerais (Redação pela Portaria SOF nº 41, de 18.08.2008, DOU 19.08.2008)
	Nota: Assim dispunha a redação anterior: "753 – Petróleo"
	754 – Biocombustíveis (Redação pela Portaria SOF nº 41, de 18.08.2008, DOU 19.08.2008)
	Nota: Assim dispunha a redação anterior: 754 – Álcool
26 – Transporte	781 – Transporte Aéreo
	782 – Transporte Rodoviário
	783 – Transporte Ferroviário
	784 – Transporte Hidroviário
	785 – Transportes Especiais
27 – Desporto e Lazer	811 – Desporto de Rendimento
	812 – Desporto Comunitário
	813 – Lazer
28 – Encargos Especiais	841 – Refinanciamento da Dívida Interna
	842 – Refinanciamento da Dívida Externa
	843 – Serviço da Dívida Interna
	844 – Serviço da Dívida Externa
	845 – Transferências
	846 – Outros Encargos Especiais

Fonte: Brasil, 1999.

Classificação por programas

Mesmo que a Lei n. 4.320/1964 não contemplasse a classificação por programas, o orçamento federal já fazia uso dessa classificação, que, somente a partir de 1974, passou a ser seguida pelos demais entes da Federação.

Inicialmente, as categorias da classificação funcional-programática eram cinco: função, programa, subprograma, projeto e atividade. Como dito, cada função desdobrava-se em programas, que se subdividiam em subprogramas, e estes em projetos e atividades. (Giacomoni, 2017)

A partir de 1990, os orçamentos federais passaram a adotar a categoria de programação do critério funcional-programático, o subprojeto e a subatividade, introduzindo o dígito zero como antecedente do código dos programas e dos subprogramas, com vistas a atender às exigências da informatização.

Exemplificando

Vejamos, por exemplo, o seguinte crédito constante da LOA da União para o exercício de 1999 (Giocomoni, 2017):

39201.16.088.0537.1204.0059..............................R$ 6.900.000,00

Os cinco dígitos iniciais – 39201 – dizem respeito à classificação institucional:

- 39 – (órgão) – Ministério dos Transportes
- 201 – (unidade orçamentária) – Departamento Nacional de Estradas de Rodagem
- Os demais referem-se à classificação funcional-programática:
- 16 – (função) – Transporte
- 088 – (programa) – Transporte Rodoviário
- 0537 – (subprograma) – Construção e Pavimentação de Rodovias
- 0059 – (número de ordem do subprograma) BR 392/RS – Cerro Largo – Porto Xavier

Essa classificação funcional-programática exigiu mudanças no orçamento. A Lei n. 4.320/1964 passou a determinar uma padronização dos orçamentos para todos os entes da Federação. É sabido que alguns municípios de pequeno porte tiveram dificuldades para cumprir o Anexo n. 5 da referida lei, o que culminou com a edição de um decreto-lei com o objetivo de simplificar os orçamentos dos municípios com população inferior a 50 mil habitantes, possibilitando que estes elaborassem seus orçamentos sem a classificação funcional-programática. Esse decreto-lei foi revogado, e a obrigatoriedade permaneceu até o exercício de 2001 (Giacomoni, 2017).

A classificação por programas contempla quatro categorias, nos termos do art. 2º da Portaria n. 42/1999 do Ministério do Orçamento e Gestão.

> a) Programa, o instrumento de organização da ação governamental visando à concretização dos objetivos pretendidos, sendo mensurado por indicadores estabelecidos no plano plurianual;
> b) Projeto, um instrumento de programação para alcançar o objetivo de um programa, envolvendo um conjunto de operações limitadas no tempo, das quais resulta um produto que concorre para a expansão ou o aperfeiçoamento da ação de governo;
> c) Atividade, um instrumento de programação para alcançar o objetivo de um programa, envolvendo um conjunto de operações que se realizam de modo contínuo e permanente, das quais resulta um produto necessário à manutenção da ação de governo;
> d) Operações especiais, as despesas que não contribuem para a manutenção das ações de governo, das quais não resulta um produto, e não geram contraprestação direta sob a forma de bens ou serviços. (Brasil, 1999)

> *Exemplificando*
>
> Vejamos um exemplo da classificação programática:
> * 1, 3, 5 ou 7 – A ação corresponde a um projeto.
> * 2, 4, 6 ou 8 – A ação corresponde a uma atividade.
> * 0 – Refere-se a uma operação especial.
> * 9 – Corresponde a uma ação não orçamentária, isto é, ação sem dotação no orçamento, mas que participa dos programas do plano plurianual.

Por essa nova concepção de categoria, o **programa** visa alcançar objetivos concretos, motivo pelo qual não podem mais constar títulos padronizados, devendo ser estabelecidos pelo próprio ente da Federação.

As categorias **projeto** e **atividade**, por sua vez, foram mantidas e visam alcançar o objetivo do programa.

A nova categoria **operações especiais** refere-se a despesas e encargos não relacionados à provisão de bens e serviços públicos, já que não existe uma categoria classificatória neutra.

Os programas estão compreendidos em dois grupos:

1. **Programas finalísticos** – Referem-se a bens e serviços ofertados à sociedade e que são passíveis de aferição.
2. **Programas de apoio a políticas públicas e áreas especiais** – Referem-se aos serviços ao Estado para a gestão de políticas e da própria Administração Pública.

Classificação segundo a natureza

A classificação segundo a natureza foi adotada nos orçamentos da União no exercício de 1990 e, com a edição da Portaria Interministerial n. 163, de 4 de maio de 2001 (Brasil, 2001), passou a ser exigida nos demais entes da Federação, devendo constar:

a. as categorias econômicas;
b. grupos de despesa;

c. modalidade de aplicação; e
d. elementos.

Categorias econômicas

A classificação econômica da despesa orçamentária é constituída por duas categorias: despesas correntes e despesas de capital:

> despesas correntes, as destinadas à produção de bens e serviços correntes e compreendem as dotações para manutenção de serviços anteriormente criados, inclusive as destinadas a atender a obras de conservação e adaptação de bens imóveis; e as dotações para despesas às quais não corresponda contraprestação direta em bens ou serviços, inclusive para contribuições e subvenções destinadas a atender à manutenção de outras entidades de direito público e privado; despesas de capital, as que contribuem para a formação ou aquisição de bens de capital e de produtos para revenda; a concessão de empréstimos; e a amortização de dívidas. (Giacomoni, 2017, p. 111)

Grupos de despesa

Os grupos de despesa vinculam as categorias econômicas e devem demonstrar os agregados das despesas orçamentárias. Dividem-se em seis:

1. pessoal e encargos sociais;
2. juros e encargos da dívida;
3. outras despesas correntes;
4. investimentos;
5. inversões financeiras;
6. amortização da dívida.

A Portaria Interministerial n. 163/2001, com as alterações da Portaria Conjunta STN/SOF n. 2/2009, que aprovou o *Manual de Contabilidade Aplicada ao Setor Público* (Brasil, 2019b), conceitua os grupos de despesa:

> **Pessoal e encargos sociais:** Despesas orçamentárias com pessoal.
> **Juros e encargos da dívida:** despesas orçamentárias com o pagamento de juros, comissões e outros encargos de operações de crédito internas e externas contratadas e da dívida pública mobiliária.
> **Outras despesas correntes:** despesas orçamentárias para aquisição de material de consumo, diárias, contribuições, subvenções, auxílio-alimentação, auxílio-transporte, além de outras despesas da categoria econômica "despesas correntes" não classificáveis nos demais grupos de natureza de despesa.
> **Investimentos:** Despesas orçamentárias com softwares e com planejamento e a execução de obras, inclusive com a aquisição de imóveis considerados necessários à realização destas últimas, e com a aquisição de instalações, equipamentos e material permanente.
> **Inversões financeiras:** despesas orçamentárias com a de capital já em utilização; aquisição de títulos representativos do capital de empresas ou entidades de qualquer espécie, já constituídas, quando a operação não importe aumento do capital, e com a constituição ou aumento do capital de empresas, além de outras classificáveis neste grupo.
> **Amortização da dívida:** despesas orçamentárias com o pagamento e/ou refinanciamento do principal e da atualização monetária ou cambial da dívida pública interna e externa, contratual ou mobiliária. (Giacomoni, 2017, p. 113)

Modalidade de aplicação

As modalidades de aplicação referem-se aos recursos que serão aplicados mediante transferências financeiras (Giacomoni, 2017). São elas:

20 – Transferências à União;
22 – Execução orçamentária delegada à União;
30 – Transferências aos estados e ao Distrito Federal;
31 – Transferências aos estados e ao Distrito Federal – Fundo a Fundo;
32 – Execução orçamentária delegada a estados e ao Distrito Federal;
35 – Transferências Fundo a Fundo aos estados e ao Distrito Federal, à conta de recursos de que tratam os §§ 1º e 2º do art. 24 da Lei Complementar nº 141, de 20121;
36 – Transferências Fundo a Fundo aos estados e ao Distrito Federal, à conta de recursos de que trata o art. 25 da Lei Complementar nº 141, de 2012;
40 – Transferências a municípios;
41 – Transferências a municípios – Fundo a Fundo;
42 – Execução orçamentária delegada aos municípios;
45 – Transferências Fundo a Fundo aos municípios, à conta de recursos de que tratam os §§ 1º e 2º do art. 24 da Lei Complementar nº 141, de 2012;
46 – Transferências Fundo a Fundo aos municípios, à conta de recursos de que trata o art. 25 da Lei Complementar nº 141, de 2012;
50 – Transferências a instituições privadas sem fins lucrativos;
60 – Transferências a instituições privadas com fins lucrativos;
70 – Transferências a instituições multigovernamentais;
71 – Transferências a consórcios públicos;
72 – Execução orçamentária delegada a consórcios públicos;
73 – Transferências a consórcios públicos mediante contrato de rateio à conta de recursos de que tratam os §§ 1º e 2º do art. 24 da Lei Complementar nº 141, de 2012;

74 – Transferências a consórcios públicos mediante contrato de rateio, à conta de recursos de que trata o art. 25 da Lei Complementar nº 141, de 2012;

75 – Transferências a instituições multigovernamentais, à conta de recursos de que tratam os §§ 1º e 2º do art. 24 da Lei Complementar nº 141, de 2012;

76 – Transferências a instituições multigovernamentais, à conta de recursos de que trata o art. 25 da Lei Complementar nº 141, de 2012;

80 – Transferências ao exterior;

90 – Aplicações diretas;

91 – Aplicação direta em função de operação entre órgãos, fundos e entidades integrantes dos orçamentos Fiscal e da Seguridade Social;

93 – Aplicação direta decorrente de operação de órgãos, fundos e entidades integrantes dos orçamentos Fiscal e da Seguridade Social com consórcio público do qual o ente participe;

94 – Aplicação direta decorrente de operação de órgãos, fundos e entidades integrantes dos orçamentos Fiscal e da Seguridade Social com consórcio público do qual o ente não participe;

95 – Aplicação direta à conta de recursos de que tratam os §§ 1º e 2º do art. 24 da Lei Complementar nº 141, de 2012;

96 – Aplicação direta à conta de recursos de que trata o art. 25 da Lei Complementar nº 141, de 2012;

99 – A definir. [sendo proibida a execução nesta modalidade]

Fonte: Brasil, 2019b, p. 78-79.

Elementos da despesa

A classificação por elementos objetiva identificar o objeto imediato de cada despesa.

01 – Aposentadorias, Reserva Remunerada e Reformas (40)(A)
03 – Pensões

04 – Contratação por Tempo Determinado
05 – Outros Benefícios Previdenciários
06 – Benefício Mensal ao Deficiente e ao Idoso
07 – Contribuição a Entidades Fechadas de Previdência
08 – Outros Benefícios Assistenciais
09 – Salário-Família
10 – Outros Benefícios de Natureza Social
11 – Vencimentos e Vantagens Fixas – Pessoal Civil
12 – Vencimentos e Vantagens Fixas – Pessoal Militar
13 – Obrigações Patronais
14 – Diárias – Civil
15 – Diárias – Militar
16 – Outras Despesas Variáveis – Pessoal Civil
17 – Outras Despesas Variáveis – Pessoal Militar
18 – Auxílio Financeiro a Estudantes
19 – Auxílio-Fardamento
20 – Auxílio Financeiro a Pesquisadores
21 – Juros sobre a Dívida por Contrato
22 – Outros Encargos sobre a Dívida por Contrato
23 – Juros, Deságios e Descontos da Dívida Mobiliária
24 – Outros Encargos sobre a Dívida Mobiliária
25 – Encargos sobre Operações de Crédito por Antecipação da Receita
26 – Obrigações decorrentes de Política Monetária
27 – Encargos pela Honra de Avais, Garantias, Seguros e Similares
28 – Remuneração de Cotas de Fundos Autárquicos
29 – Distribuição de Resultado de Empresas Estatais Dependentes (43)(I)
30 – Material de Consumo
31 – Premiações Culturais, Artísticas, Científicas, Desportivas e Outras (1)(I)
32 – Material, Bem ou Serviço para Distribuição Gratuita (40)(A)
33 – Passagens e Despesas com Locomoção
34 – Outras Despesas de Pessoal decorrentes de Contratos de Terceirização
35 – Serviços de Consultoria
36 – Outros Serviços de Terceiros – Pessoa Física

37 – Locação de Mão-de-Obra
38 – Arrendamento Mercantil
39 – Outros Serviços de Terceiros – Pessoa Jurídica
41 – Contribuições
42 – Auxílios
43 – Subvenções Sociais
45 – Subvenções Econômicas (43)(A)
46 – Auxílio-Alimentação
47 – Obrigações Tributárias e Contributivas
48 – Outros Auxílios Financeiros a Pessoas Físicas
49 – Auxílio-Transporte
51 – Obras e Instalações
52 – Equipamentos e Material Permanente
61 – Aquisição de Imóveis
62 – Aquisição de Produtos para Revenda
63 – Aquisição de Títulos de Crédito
64 – Aquisição de Títulos Representativos de Capital já Integralizado
65 – Constituição ou Aumento de Capital de Empresas
66 – Concessão de Empréstimos e Financiamentos
67 – Depósitos Compulsórios
70 – Rateio pela Participação em Consórcio Público (49)(I)
71 – Principal da Dívida Contratual Resgatado
72 – Principal da Dívida Mobiliária Resgatado
73 – Correção Monetária ou Cambial da Dívida Contratual Resgatada
74 – Correção Monetária ou Cambial da Dívida Mobiliária Resgatada
75 – Correção Monetária da Dívida de Operações de Crédito por Antecipação da Receita
76 – Principal Corrigido da Dívida Mobiliária Refinanciado
77 – Principal Corrigido da Dívida Contratual Refinanciado
81 – Distribuição Constitucional ou Legal de Receitas (1)(A)
91 – Sentenças Judiciais
92 – Despesas de Exercícios Anteriores
93 – Indenizações e Restituições
94 – Indenizações e Restituições Trabalhistas

> 95 – Indenização pela Execução de Trabalhos de Campo
> 96 – Ressarcimento de Despesas de Pessoal Requisitado
> 97 – Aporte para Cobertura do Déficit Atuarial do RPPS (43)(I)
> 99 – A Classificar

Fonte: Brasil, 2019b, p. 83-85.

4.3 *Classificação jurídica*

Quanto à classificação das despesas públicas, é importante destacar que existe uma gama de classificações possíveis.

Podem ser **ordinárias** ou **extraordinárias**. As primeiras são previstas na lei orçamentária e referem-se aos serviços e bens adquiridos pela Administração a fim de satisfazer os anseios da população. As segundas, como é de se pensar, são as despesas urgentes e não previstas, como na ocorrência de calamidade pública, por exemplo. Existe, ainda, a despesa especial, que, apesar de não ser uma emergência, não está prevista no orçamento, como no caso da criação de um novo órgão governamental.

Outra importante classificação é a de **competência**: as de competência federal, previstas no art. 21 da CF/1988; as de competência estadual, elencadas no art. 25, parágrafo 1º, da CF/1988; e as de competência municipal, inseridas no art. 30 da CF/1988.

No entanto, a classificação mais importante é a trazida pelo art. 12 da Lei n. 4.320/1964, que decorre do motivo do dispêndio e se subdivide em despesas correntes e despesas de capital.

As **despesas correntes** são aquelas resultantes da manutenção das atividades próprias do Estado e, nos termos do art. 12, dividem-se em despesas de custeio e transferências correntes. São dotações sem contraprestação em bens ou serviços, inclusive contribuições e subvenções para atender a outras entidades de direito público. Essas despesas não geram aumento do patrimônio do ente da Federação e estão conceituadas no dispositivo legal:

> Art. 12. [...]
> [...]
> § 1º Classificam-se como Despesas de Custeio as dotações para manutenção de serviços anteriormente criados, inclusive as destinadas a atender a obras de conservação e adaptação de bens imóveis.
> § 2º Classificam-se como Transferências Correntes as dotações para despesas as quais não corresponda contraprestação direta em bens ou serviços, inclusive para contribuições e subvenções destinadas a atender à manutenção de outras entidades de direito público ou privado.
> § 3º Consideram-se subvenções, para os efeitos desta lei, as transferências destinadas a cobrir despesas de custeio das entidades beneficiadas, distinguindo-se como:
> I – subvenções sociais, as que se destinem a instituições públicas ou privadas de caráter assistencial ou cultural, sem finalidade lucrativa;
> II – subvenções econômicas, as que se destinem a empresas públicas ou privadas de caráter industrial, comercial, agrícola ou pastoril. (Brasil, 1964)

As **despesas de capital** também estão regulamentadas no art. 12 da Lei 4.320/1964, sendo elas as despesas que trazem aumento do patrimônio público, incrementando a estrutura já existente. Dividem-se em investimentos, inversões financeiras e transferências de capital. O dispositivo legal conceitua as despesas de capital da seguinte forma:

> Art. 12. [...]
> [...]
> § 4º Classificam-se como investimentos as dotações para o planejamento e a execução de obras, inclusive as destinadas à aquisição de imóveis considerados necessários

à realização destas últimas, bem como para os programas especiais de trabalho, aquisição de instalações, equipamentos e material permanente e constituição ou aumento do capital de empresas que não sejam de caráter comercial ou financeiro.

§ 5º Classificam-se como Inversões Financeiras as dotações destinadas a:

I – aquisição de imóveis, ou de bens de capital já em utilização;

II – aquisição de títulos representativos do capital de empresas ou entidades de qualquer espécie, já constituídas, quando a operação não importe aumento do capital;

III – constituição ou aumento do capital de entidades ou empresas que visem a objetivos comerciais ou financeiros, inclusive operações bancárias ou de seguros.

§ 6º São Transferências de Capital as dotações para investimentos ou inversões financeiras que outras pessoas de direito público ou privado devam realizar, independentemente de contraprestação direta em bens ou serviços, constituindo essas transferências auxílios ou contribuições, segundo derivem diretamente da Lei de Orçamento ou de lei especialmente anterior, bem como as dotações para amortização da dívida pública. (Brasil, 1964)

Outra classificação possível é indicada pela Lei Complementar n. 101, de 4 de maio de 2000 – Lei de Responsabilidade Fiscal (LRF), que trata da "pertinência" da despesa e a classifica como adequada, compatível ou irrelevante (Brasil, 2000b).

A **despesa adequada**, segundo o diploma legal, é aquela que estiver em consonância com a LOA, ou seja, aquelas despesas "cobertas" por créditos complementares ou que, somadas, não ultrapassem o limite do exercício. Em outras palavras, são as despesas que não afetam o equilíbrio financeiro.

De outra forma, as chamadas **despesas compatíveis** são aquelas que estiverem em fiel sintonia com o Plano Plurianual (PPA) e com a Lei de Diretrizes Orçamentárias (LDO), isto é, são as despesas destinadas a cumprir as determinações desses planos sem infringir qualquer uma de suas normas.

Por fim, as **despesas irrelevantes**, previstas no parágrafo 3º do art. 16 da LRF, são aquelas definidas pela LOA e têm isenção da necessidade de realizar o impacto orçamentário-financeiro. Citamos como exemplo o aumento da despesa resultante de criação, expansão ou aperfeiçoamento da ação estatal.

Ainda na LRF temos a **despesa pública de caráter continuado**, prevista em seu art. 17. Essa despesa corrente é derivada de lei ou de medida que venha a fixar a obrigação de pagar por um período superior a dois exercícios.

A última classificação a ser considerada é quanto à função da despesa. Tal classificação tornou-se obrigatória nas três esferas governamentais por força da Portaria n. 42/1999 do Ministério do Orçamento e Gestão, como já visto.

Sobre a classificação quanto à função da despesa, é mister destacar que devemos compreender a função e a subfunção da despesa. A primeira se refere à competência institucional do órgão, e a segunda se concentra na finalidade da ação. Por exemplo, a subfunção Comunicação Social está vinculada à função Administração, mas, claro, pode agregar-se à função Saúde, de forma a realizar a mesma subfunção em um órgão diferente.

Com o intuito de manter a uniformidade na classificação funcional das despesas pelos administradores, é obrigatória a adoção de um sistema integrado de administração financeira, que atenda a um padrão mínimo de qualidade, conforme estabelecido no Decreto n. 7.185/2010.

4.4 Despesas públicas constitucionalmente obrigatórias

Embora as decisões sobre as despesas tenham um viés político, ligado às convicções do chefe do Poder Executivo, é preciso salientar que este não conta com total discricionariedade na hora das decisões, pois deve levar em consideração os princípios constitucionais, em específico, o do interesse público.

Claro que, entre as previsões constitucionais, é possível "escolher" as prioridades – por exemplo, educação e saúde são prioridades –, mas fica a cargo do administrador decidir em qual delas investir. Para acabar com a possibilidade de colapso por falta de investimento, a CF/1988 estabeleceu limites mínimos de investimento em determinadas áreas, e esse "mínimo constitucional" limita o arbítrio do governante e assegura o investimento mínimo de cada instituição.

Neste ponto, podemos entender que tais previsões condicionam a elaboração do orçamento, colocando regras para a divisão de recursos e criando, assim, a obrigatoriedade de investimento, em outras palavras, as despesas constitucionalmente previstas.

A Constituição estabeleceu uma obrigação para os entes da Federação de efetivar gastos mínimos para determinadas áreas, ou seja, impôs um percentual mínimo do orçamento para despesas públicas nas áreas da saúde e da educação.

Desde do ano de 2000, há exigência de gastos mínimos com a saúde imposta pela Emenda Constitucional n. 29, que acrescentou o art. 77 ao Ato das Disposições Constitucionais Transitórias (ADCT), estabelecendo a aplicação dos recursos mínimos em saúde até 2004 tanto para a União quanto para estados e municípios (Piscitelli, 2018).

Assim, com base no art. 77, incisos II e III, do ADCT, os estados deviam aplicar na saúde 12%, e os municípios, 15% da arrecadação. Posteriormente, com a edição da Lei Complementar n. 141/2012, ficou determinado que o percentual mínimo para despesas com a saúde seria de 12% para os estados e de 15% para os municípios.

O art. 212 da CF/1988 trata das despesas com a educação e fixa índices mínimos de despesas entre 18% para a União e 25% para os estados, o Distrito Federal e os municípios.

Desse modo, as despesas públicas da saúde e da educação são constitucionalmente obrigatórias nesses percentuais mínimos, sendo relevante observar que a exigência é relativa ao percentual mínimo, podendo o ente da Federação gastar mais, se quiser.

4.5 Teto para despesas públicas primárias

A Emenda Constitucional n. 95/2016 estabeleceu um teto para o gasto com a saúde e a educação. Aprovou o Novo Regime Fiscal e fixou limites individualizados para as despesas primárias, considerando-se cada um dos poderes da República, além do Ministério Público da União e da Defensoria Pública da União. Em especial no art. 110 do ADCT, a despesa fica restrita às aplicações mínimas previstas nos arts. 198 e 212 da Constituição e, a partir de 2018, a referência passa a ser os valores gastos nos exercícios anteriores, sempre corrigidos pelo Índice Nacional de Preços ao Consumidor (IPCA) ou por outro índice que vier a substituí-lo. Assim, desvincula-se a despesa da receita arrecadada, estabelecendo-se como parâmetro inicial os percentuais mínimos apurados em 2017 (Piscitelli, 2018).

No art. 109 do ADCT estão previstas sanções para o descumprimento do limite individualizado. Se o órgão extrapolar o teto em março, as penalidades serão aplicadas até o fim daquele ano, mesmo que já tenha havido o retorno ao limite de gastos fixado.

As sanções podem ser: gerais, que se aplicam a todos os poderes e órgãos, e específicas, que se aplicam apenas ao Poder Executivo.

As **sanções gerais** tratam basicamente da impossibilidade de aumento de despesa com pessoal.

As **sanções específicas**, aplicáveis apenas ao Poder Executivo, preveem que o descumprimento do limite com as despesas primárias gerará a proibição da criação ou expansão de programas e linhas de financiamento, bem como da remissão, renegociação ou refinanciamento de dívidas.

4.6 Despesas públicas e a Lei de Responsabilidade Fiscal (LRF)

As despesas públicas são aprovadas pelo Poder Legislativo, regra geral, quando este aprova as leis orçamentárias e, excepcionalmente, quando aprova a abertura de créditos adicionais.

Como vimos, as leis orçamentárias estão regulamentadas essencialmente na Constituição Federal e na Lei n. 4.320/1964, porém também encontram limites e regras a serem observados na chamada *Lei de Responsabilidade Fiscal* (LRF), a Lei Complementar n. 101/2001.

Quanto às despesas, a LRF, nos arts. 15 a 24, impõe condições para a realização das despesas públicas, inclusive com relação às despesas de pessoal e aos gastos com a seguridade social (Piscitelli, 2018).

Podemos observar, nos arts. 15 a 17 da LRF, que as despesas estão rigorosamente atreladas à previsão nas leis orçamentárias.

No art. 16 da LRF constam regras para as despesas decorrentes da criação, expansão ou aperfeiçoamento de ação governamental, organizados como programas.

> *Ação governamental* refere-se às atividades públicas que objetivam atender às necessidades públicas.

Em síntese, se a criação, ampliação ou aperfeiçoamento de programas aumentar as despesas, devem ser apresentadas a estimativa do impacto orçamentário e a declaração do ordenador da despesa relativa à adequação orçamentária e financeira desse aumento, além de obrigatoriamente haver compatibilidade com o PPA e a LDO.

Importante destacar que, se a despesa for majorada por conta da ação governamental, será necessário que a receita correspondente esteja prevista na LOA (Piscitelli, 2018).

O art. 17 da LRF regulamenta um tipo específico de despesa, qual seja, a que tem prazo superior a dois exercícios, especialmente as despesas obrigatórias de caráter continuado, e também a prorrogação de uma despesa corrente de prazo indeterminado. Para tanto, é necessário demonstrar que esse aumento de despesa não afeta as metas de resultados fiscais da LDO e estabelecer medidas de compensação financeira da despesa.

Para cumprir essa regra do art. 17 da LRF, são possíveis dois caminhos: (1) diminuir as despesas ou (2) aumentar as receitas. Apesar de ambos os caminhos serem difíceis, a LRF é clara quanto à necessidade de implementar a compensação para poder executar a despesa.

Quanto às despesas com pessoal, a LRF é ainda mais rigorosa, restringindo ainda mais a discricionariedade do gestor público quanto a esse tipo de gasto público.

A despesa de pessoal está conceituada no *caput* do art. 18 da referida lei:

> Art. 18. Para os efeitos desta Lei Complementar, entende-se como despesa total com pessoal: o somatório dos gastos do ente da Federação com os ativos, os inativos e os pensionistas, relativos a mandatos eletivos, cargos, funções ou empregos, civis, militares e de membros

de Poder, com quaisquer espécies remuneratórias, tais como vencimentos e vantagens, fixas e variáveis, subsídios, proventos da aposentadoria, reformas e pensões, inclusive adicionais, gratificações, horas extras e vantagens pessoais de qualquer natureza, bem como encargos sociais e contribuições recolhidas pelo ente às entidades de previdência. (Brasil, 2000b)

Além disso, o parágrafo 1º do mesmo artigo preconiza que os valores dos contratos de terceirização de mão de obra que se referem à substituição de servidores e empregados públicos serão contabilizados como "Outras Despesas de Pessoal". Em um primeiro momento, o dispositivo legal parece determinar que as despesas com terceirização de mão de obra devem ser computadas como despesa de pessoal, porém o Tribunal de Contas da União entende que não são todos os casos, limitando-se apenas ao terceiro contratado para substituir servidores.

Por fim, é preciso observar quais limites são esses dos arts. 19 e 20 da LRF. A União não poderá gastar mais do que 50% de sua receita corrente líquida com as despesas de pessoal. Os estados, o Distrito Federal e os municípios somente poderão gastar com pessoal o percentual de 60% das respectivas receitas correntes líquidas, considerando-se o mês do cálculo somado aos onze meses imediatamente anteriores.

4.7 Judicialização das despesas públicas

A escolha de políticas públicas, como vimos, é atribuição do Poder Executivo, que, obedecendo a critérios legais, fará um juízo de conveniência e interesse público, levando em conta as necessidades prioritárias da população e os recursos orçamentários.

Nesse sentido, com o advento da Constituição de 1988, a chamada *Constituição Cidadã*, estabeleceram-se direitos e garantias fundamentais aos cidadãos e obrigações legais ao Estado. Essas obrigações deixam de ser apenas normas programáticas, ou meros ensinamentos a serem seguidos como padrão de comportamento, e passam a obrigar o Estado. Ocorre que nem sempre é possível pacificar possíveis conflitos entre pessoas particulares que exigem seu direito e a Administração, entrando em cena Poder Judiciário.

O Poder Judiciário, embora não realize diretamente o planejamento ou a execução de políticas públicas, é um dos principais atores nesse cenário institucional, uma vez que, quando provocado, concede, seja por meio de liminares, seja por decisões exaurientes, direitos como saúde e educação.

Agora, as normas constitucionais deixam de ser meros princípios otimizadores e passam a obrigar o Estado, tornando-se, assim, normas de plena aplicabilidade. Sempre que a Constituição define um direito fundamental, ele passa a ser exigível, inclusive mediante ação judicial (Barroso, 2008).

Esse fenômeno chamado *judicialização do direito* ganhou tamanha importância prática que engloba todos os gestores públicos. De um lado, a atuação do Poder Judiciário é imprescindível para o exercício da cidadania; de outro, tais decisões judiciais têm um impacto forte entre os elaboradores e os executores das políticas públicas, que se veem compelidos a realizar despesas não previstas nas leis orçamentárias, o que leva a um desequilíbrio nas contas públicas.

Exemplificando

Imagine o prefeito de seu município recebendo uma ordem judicial para fornecer um medicamento para determinada pessoa no valor de R$ 150 mil por mês. Despesas desse tipo não foram previstas no orçamento, mas terão de ser custeadas pelo município. Esse é um exemplo de judicialização das despesas públicas.

No dia 13 de agosto de 2015, por unanimidade, o Plenário do Supremo Tribunal Federal (STF), no julgamento do Recurso Extraordinário n. 592.581, firmou a tese de que é lícito ao Poder Judiciário impor à Administração Pública obrigação de fazer, consistente na promoção de medidas ou na execução de obras emergenciais em estabelecimentos prisionais para dar efetividade ao postulado da dignidade da pessoa humana e assegurar aos detentos o respeito à sua integridade física e moral, nos termos do que preceitua o art. 5º, inciso XLIX, da Constituição Federal, não sendo oponível à decisão o argumento da reserva do possível nem o princípio da separação dos poderes (Abraham, 2017).

4.8 Procedimentos para realização do pagamento

Quando se trata de despesa, por óbvio, há alusão a pagamento. Ao pensarmos no outro lado da relação jurídica, vemos que há um credor que receberá dinheiro por um serviço prestado ou por um bem entregue. Para que seja realizado tal repasse de dinheiro público, é necessário observar um rito, com etapas a serem seguidas.

A **pré-etapa** é a da verificação da necessidade da realização de uma licitação. Seja qual for sua modalidade, esse instituto tem por objetivo a escolha de um particular para entregar um bem ou serviço, obedecendo-se aos princípios públicos da legalidade, da impessoalidade, da moralidade, da publicidade e da eficiência.

Claro que existem casos previstos na Lei n. 8.666/1993 (Lei de Licitações) que possibilitam aquisições sem a realização da licitação, seja pelo valor ínfimo, seja pela impossibilidade de realizar uma disputa.

Superada a necessidade ou não da realização de licitação e partindo do pressuposto de que se originou a despesa, analisaremos a sequência dos três atos, previstos nos arts. 58 a 70 da Lei

n. 4.320/1964, que vão saudá-la, ou seja, vão permitir a realização da despesa. Esses atos são o empenho, a liquidação e a ordem de pagamento.

O **empenho**, conforme o art. 58, nada mais é que uma peça, elaborada pela autoridade competente, que cria a obrigação de pagar. Embora não seja o pagamento propriamente dito, esse ato cria uma reserva orçamentária, com a destinação de parte da receita, para uma despesa específica. A cada empenho será lavrado um documento chamado *nota de empenho*, que indicará o nome do credor e a importância da despesa, além da dedução desta do saldo da dotação própria, conforme prevê o art. 61 da Lei n. 4.320/1964.

A segunda fase é a **liquidação**, quando é realizada uma verificação da despesa, aferindo-se o valor exato, a prova de contraprestação e o contrato firmado entre o credor e a Administração Pública, ou seja, verifica-se o direito adquirido do credor em receber o dinheiro, condição imprescindível para que seja saudado o débito, por força do art. 63 da mesma lei.

O último ato do rito do pagamento é a **ordem de pagamento**, que se constitui em um despacho emitido pela autoridade competente ordenando que se efetue o pagamento, como define o art. 64 do mesmo diploma. A ordem se direciona à secretaria pagadora, normalmente, secretarias de finanças ou tesourarias. Após exarada tal instrução, o pagamento finalmente é efetuado, e a despesa é realizada*.

Pagamento mediante precatório

Existem despesas que não podem ser programadas e sequer é sabido por parte da Administração Pública que elas ocorrerão. Dessa forma, não há como inseri-las no orçamento anual, pois não existe certeza quanto ao seu valor nem quanto ao tempo de pagamento.

---

* *Realizada* no sentido de "quitada", "paga", "que se realiza pelo adimplemento da obrigação".

Não podemos classificá-las como extraordinárias, visto que são imprevisíveis. Dessa forma, faz-se necessária a criação de um mecanismo capaz de saudar tais despesas, o qual, embora não se tenha certeza do valor nem do exato momento, mas apenas da necessidade de pagamento, é chamado de *precatório*.

Essas despesas são originadas de condenações sofridas pela Fazenda Pública, promovidas por um particular em face do Estado. Essas condenações ocorrem frequentemente e criam para a Administração uma despesa pública. Se tais despesas fossem pagas imediatamente após o trânsito em julgado, ocorreria um desequilíbrio no orçamento (Abraham, 2017).

Diferentemente de quando um particular é condenado a pagar quantia certa, devendo fazê-lo imediatamente, a Administração Pública pode realizar o pagamento no exercício financeiro seguinte. Pautado no art. 100 da CF/1988, o pagamento do precatório será realizado de forma cronológica, sendo vedada a indicação de processos ou agentes públicos específicos para determinado caso, levando-se em conta o princípio da impessoalidade.

Além dos créditos comuns, oriundos de sentenças e que vão se converter em precatórios, podemos afirmar que existem outras duas espécies de precatórios: os créditos de natureza alimentar e os créditos de pequeno valor.

Os **créditos alimentares**, ou precatórios alimentares, são pagos antes dos precatórios comuns; já os **créditos de pequeno valor** ficam fora da metodologia de pagamento por precatórios.

Os créditos alimentares sao os valores ligados à subsistência do credor, relacionados ao princípio da dignidade humana. São decorrentes de salários, vencimentos, proventos, pensões e suas complementações, benefícios previdenciários e indenizações por morte ou por invalidez e têm o condão de suprir as necessidades básicas do credor (Torres, 2011).

Como visto, os créditos alimentícios não estão isentos das regras de pagamento via precatórios, apenas têm preferência na fila de pagamento. A Súmula n. 655 do STF prevê que a exceção no cronograma trazida por força do art. 100 da Constituição não isenta a expedição de precatórios.

Já os créditos de pequeno valor gozam de condições especiais, fixadas pelo parágrafo 3º do art. 100 da CF/1988. Trata-se de condenações judiciais em face da Fazenda Pública com valor igual ou menor que 60 salários mínimos no âmbito federal, 40 salários mínimos no âmbito estadual e 30 salários mínimos para os municípios (Torres, 2011).

4.9 *Fonte e destinação de recursos*

Conforme visto anteriormente, a receita pública pode ser vinculada ou não vinculada. Em consonância com o que prevê o art. 167, inciso IV, da CF/1988, é vetada a vinculação da receita dos tributos classificados como impostos a uma despesa específica. Contudo, o art. 212, também da CF/1988, estabelece que o ente deve destinar uma porcentagem da arrecadação para fins específicos.

Nesse sentido, é de clareza absoluta o dispoto no art. 8º, parágrafo único, da Lei n. 101/2000, que prevê a obrigatoriedade da destinação dos recursos vinculados para atender à sua finalidade específica, mesmo que isso signifique o acúmulo de recursos para o exercício seguinte.

A fim de não incorrer em crime de responsabilidade e de observar fielmente a LRF, faz-se necessária uma codificação da receita pública que a ligue diretamente com uma despesa. Dessa forma, a realização dos objetivos da vinculação da receita se concretiza, uma vez que é possível relacioná-la a determinada despesa (uso do mesmo código).

Trata-se de uma duplicidade de função, pois, na receita pública, a codificação serve para indicar qual será a destinação de tais recursos na despesa orçamentária, ou seja, para indicar a origem dos recursos (receita).

Esse mecanismo de indicação da fonte/destinação é obrigatório em todo o território nacional, porém é carente de padronização por meio de legislação, isto é, não há atualmente um dispositivo legal que estabeleça uma forma específica de fazê-lo, por isso fica a cargo de cada ente criar seu próprio controle, sendo facultativa a opção por seguir o sistema adotado pela Secretaria do Tesouro Nacional (STN).

A ausência de legislação que padronize os diferentes tipos de controle de fonte/destinação é deveras problemática, visto que, cada vez mais, busca-se a automação da fiscalização das contas públicas. Nesse sentido, estabelecer uma forma que se aplique em todo o território nacional é imprescindível.

Fases do orçamento e aplicação do controle fonte/destinação

É fundamental que tal controle seja aplicado em todas as fases do orçamento público, uma vez que deve estar presente no momento da elaboração da LOA até sua aplicação, passando pelo ingresso, pelo comprometimento e pela destinação do dinheiro.

No que concerne à arrecadação da receita, salientamos a importância de identificar sua origem, a fim de não haver "confusão" entre os recursos, buscando-se tornar sua organização mais clara possível. Já na execução, a relevância de tal controle se verifica no momento do empenho, conforme visto anteriormente, pois, ao identificar uma fonte vinculada e a respectiva aplicação, é preciso dar baixa do montante da receita indicada, à medida que forem sendo aplicados os recursos vinculados à sua correta despesa. Por fim, na fase de pagamento, deve ser contabilizada tal saída dos cofres públicos, ao mesmo tempo que se contabiliza o progresso na destinação mínima constitucionalmente instituída.

Tabela 4.1 – *Exemplo de aplicação do controle na fase de elaboração do orçamento*

Natureza da informação: orçamentária	
D 5.2.1.1	Previsão da receita
C 6.2.1.1	Receita a realizar
D 5.2.2.1.1	Dotação inicial
C 6.2.2.1.1	Crédito disponível

Tabela 4.2 – *Exemplo de aplicação do controle na fase de execução orçamentária (considerando-se o mesmo fato gerador)*

Natureza da informação: orçamentária	
D 6.2.1.1	Receita a realizar
C 6.2.1.2	Receita realizada

Tabela 4.3 – *Exemplo de aplicação do controle na fase de execução orçamentária: empenho*

Natureza da informação: orçamentária (empenho)	
D 6.2.2.1.1	Crédito disponível
C 6.2.2.1.3.01	Crédito empenhado a liquidar

Tabela 4.4 – Exemplo de aplicação do controle na fase de execução orçamentária: liquidação

Natureza da informação: orçamentária (liquidação)	
D 6.2.2.1.2.01	Crédito empenhado a liquidar
C 6.2.2.1.3.03	Crédito empenhado liquidado a pagar

Tabela 4.5 – Exemplo de aplicação do controle na fase de execução orçamentária: pagamento

Natureza da informação: orçamentária (pagamento)	
C 6.2.2.1.3.03	Crédito empenhado liquidado a pagar
C 6.2.2.1.3.04	Crédito empenhado pago

Segundo o *Manual de Contabilidade Aplicada ao Setor Público*, as contas devem ser separadas por "destinação de recursos", a fim de detalhar por tipo de fonte/destinação, de modo a ser possível identificar o saldo remanescente de cada aplicação de despesas. É muito utilizado o mecanismo de informações complementares, por meio do qual a STN pode receber informações na Matriz de Saldos Contábeis, por meio do Sistema de Informações Contábeis e Fiscais do Setor Público Brasileiro (Siconfi), conforme estabelece a Portaria n. 549/2018 (Brasil, 2019b).

> *Para saber mais*
>
> CREPALDI, S. A.; CREPALDI, G. S. **Orçamento público:** planejamento, elaboração e controle. São Paulo: Saraiva, 2013.
>
> Essa obra objetiva integrar os três níveis de governo na análise, no debate e na proposição de medidas relacionadas ao aperfeiçoamento dos processos e dos sistemas voltados à gestão da despesa pública.

Síntese

O termo *despesa* não necessariamente precisa ser interpretado de forma negativa, afinal, o investimento das verbas públicas nas necessidades básicas dos cidadãos faz parte da realização dos direitos constitucionalmente instituídos.

Para que não haja desvios ou mazelas nem aplicações indevidas, todas as despesas possíveis precisam ser aprovadas pelo Poder Legislativo, uma vez que devem estar descritas na LOA. Essa é a autorização para que o governante possa gastar o dinheiro público, com raríssimas exceções.

São muitas as classificações da despesa pública, mas todas expressam o entendimento de que estão associadas à necessidade de emprego de recurso público. Algumas previstas na Constituição Federal são verdadeiras imposições ao governante (despesas obrigatórias). Outras são obrigatórias em razão das emendas ao projeto de lei orçamentária (emendas impositivas), sobrando uma pequena margem para a discricionariedade do governo quanto ao estabelecimento das despesas prioritárias.

A LRF fixa rigorosos critérios para o emprego dos recursos públicos, responsabilizando o governante que os descumprir em crime de responsabilidade, motivo forte o suficiente para um possível processo de *impeachment*.

Importante salientar o fenômeno cada vez mais presente nos países democráticos cujas Constituições são prolixas em direitos: a imposição por vias judiciais da realização de determinada despesa. Essa judicialização das políticas públicas ocorre sempre que um particular se vale do Poder Judiciário para impor ao governante dada despesa.

Por fim, verificamos a necessidade da ferramenta de controle, que prevê a fonte/destinação no orçamento público, a fim de garantir o fiel cumprimento da obrigatoriedade da vinculação de determinadas receitas.

Questões para revisão

1. Quanto à despesa pública, assinale a alternativa correta:
   a. Trata-se da aplicação de certa quantia de dinheiro público, realizada exclusivamente pelo Poder Executivo.
   b. Trata-se da mera autorização promovida pelo Poder Legislativo quanto a uma despesa.
   c. É a aplicação de certa quantia de dinheiro público, realizada pelo Poder Executivo, mediante autorização do Poder Legislativo, para execução de uma despesa pública.
   d. É a despesa que o país deve arcar todos os anos com os três poderes.

2. A finalidade da classificação da despesa pública é:
   a. identificar em que está sendo gasto o dinheiro público.
   b. rastrear o dinheiro público.
   c. fornecer informação suficiente para a elaboração de estatísticas dos gastos públicos.
   d. atender apenas a fins doutrinários.

3. Se "sobrar dinheiro", o governante deve:
   a. rateá-lo com o Poder Executivo.
   b. investi-lo no que bem queira, desde que seja em atividade pública.
   c. deixar a eventual sobra para o próximo exercício financeiro.
   d. aplicar os recursos conforme os princípios constitucionais.

4. O que é judicialização das despesas públicas?

5. Quais são as peculiaridades do pagamento de precatórios?

Questão para reflexão

1. Com base no que você aprendeu sobre as receitas e as despesas públicas e considerando que a cada despesa necessariamente deve existir uma receita correspondente, que existem despesas já determinadas na Constituição e que o gestor público deve cumpri-las, reflita sobre o que o gestor pode fazer para atender às inúmeras necessidades da população.

capítulo cinco

Crédito público

Conteúdos do capítulo:

- Conceito de crédito público.
- Classificação do crédito público.
- Peculiaridades do crédito público.

Após o estudo deste capítulo, você será capaz de:

1. compreender os efeitos da concessão de crédito público;
2. identificar a classificação do crédito público;
3. entender as regras para a concessão de crédito público.

Para que a Administração Pública realize sua principal função, qual seja, atender às necessidades da população, é imprescindível dispor de recursos financeiros. Esses recursos são obtidos, regra geral, por meio de receitas públicas e são gastos por intermédio das despesas públicas, cada qual com suas regras específicas. Tanto a receita pública quanto a despesa pública são objeto das leis orçamentárias.

Ocorre que os recursos ingressam nos cofres públicos mediante receitas públicas ou como créditos públicos, sendo este último o assunto que analisaremos neste capítulo.

5.1 *Conceitos e efeitos*

O termo *crédito* pode ser definido sob várias perspectivas. Por exemplo, observando a etimologia da palavra, vemos que o termo *credere*, do latim, significa "confiança", "crença". Sob o enfoque econômico, *crédito* significa a possibilidade de conceder direitos a um indivíduo sobre o capital alheio. Neste ponto, o viés que vamos trabalhar é o das finanças públicas e, aqui, *crédito público* refere-se a uma autorização orçamentária, ou seja, à permissão da realização de uma despesa.

É importante salientar que uma operação que envolve crédito público sempre será uma relação jurídica, na qual há um tomador de capital e outro indivíduo, que o cederá. Portanto, incondicionalmente, há um credor e um devedor, e o Estado sempre estará em um desses polos, seja como credor, seja como devedor da obrigação.

O **Estado figura como devedor** quando, por exemplo, toma para si um empréstimo de terceiro, sendo compelido a devolvê-lo posteriormente, seja em razão da existência de um contrato de empréstimo público, seja pela emissão de títulos do Tesouro.

Quando o **Estado figura como credor**, podemos afirmar que há uma intervenção na sociedade, ou seja, se o Estado empresta dinheiro a um indivíduo, este é compelido a devolvê-lo, seja em dinheiro, seja mediante uma contraprestação. Exemplo clássico de relação de crédito público em que o Estado figura como credor é quando o Banco Nacional de Desenvolvimento Econômico e Social (BNDES) financia atividades privadas por meio de ações de fomento.

Dessa maneira, o Estado não tem como objetivo arrecadar recursos com o recebimento de juros, e sim auxiliar no desenvolvimento econômico de seus subordinados. Trata-se de uma espécie de intervenção estatal para o bem comum.

É possível observar que o termo *crédito público* está ligado às operações de empréstimos, sendo sinônimo de **empréstimo público** quando o Estado figura como devedor. O conjunto dos empréstimos públicos a serem restituídos são denominados **dívida pública** (Abraham, 2018).

De outro vértice, o termo **crédito orçamentário** indica a previsão das despesas nas leis orçamentárias para executar programas, projetos e atividades. O crédito orçamentário se divide em: créditos adicionais, que se subdividem em créditos adicionais suplementares; créditos adicionais especiais e créditos adicionais extraordinários; e operações de crédito por antecipação de receita.

O crédito orçamentário é uma disposição contida na Lei Orçamentária Anual (LOA), capaz de suprir qualquer despesa, e seu valor deve ser correspondente ao tamanho da despesa. Imagine que determinada despesa surja de uma hora para outra e não esteja prevista na LOA ou, mesmo que exista previsão, não haja recursos suficientes. Nesse caso, não é possível ignorar a despesa, surgindo a necessidade de se obter um crédito adicional, que, como vimos, divide-se em suplementar, especial e extraordinário.

Os **créditos adicionais** podem ser entendidos como um mecanismo capaz de retificar um orçamento, pois há dificuldades quanto à elaboração do orçamento anual, uma vez que prever todas as despesas que o país terá no próximo exercício é impossível. Portanto, para que o orçamento anual não seja apenas um ideal a ser seguido, e sim uma regra, é preciso que este disponha de mecanismos de atualização ou, se necessário, de correção.

É nesse sentido que os créditos adicionais atuam, tendo sua classificação ligada à sua finalidade, pois suplementam uma dotação já existente (crédito suplementar), criam uma dotação orçamentária para cobrir uma despesa que não foi prevista no orçamento (créditos especiais) ou suprem as despesas urgentes e imprevisíveis (crédito extraordinário).

Aqui, não devemos necessariamente ligar a expressão *crédito* a um empréstimo entre dois indivíduos (devedor e credor). O crédito orçamentário visa à aplicação de receitas públicas que não estavam previstas no orçamento anual (LOA). Abrir um crédito adicional no orçamento é a possibilidade de corrigi-lo com o próprio dinheiro público.

As regras para a concessão de um crédito adicional estão dispostas na Lei n. 4.320, de 17 de março de 1964 (Brasil, 1964). O art. 42 dessa lei dispõe sobre a iniciativa do crédito suplementar e dos especiais, que deverão ser realizados por meio de decreto do Poder Executivo e autorizados pelo Legislativo. Diferentemente, o crédito adicional extraordinário deve ser também aberto por decreto executivo, mas não depende da chancela do Legislativo, pois o decreto apenas dará ciência aos parlamentares.

No art. 46 do mesmo diploma consta a imposição ao chefe do Executivo no sentido de indicar, sempre que possível, no momento da abertura do crédito, sua importância, sua espécie e a classificação da despesa. Em plena consonância com tal dispositivo, observamos os dizeres da Constituição Federal (CF) de 1988, que, em seu art. 167, parágrafo 3º, limita a abertura de crédito extraordinário a um evento de grande comoção popular, calamidade pública ou guerra, por exemplo.

Já a operação de crédito por antecipação de receita está prevista no parágrafo 8º do art. 165 da CF/1988. No parágrafo único do art. 3º da Lei n. 4.320/1964 e no art. 38 da Lei de Responsabilidade

Fiscal (LRF), há a autorização para que a Administração Pública possa contrair uma dívida que será liquidada quando da entrada das receitas públicas; trata-se de uma espécie de empréstimo curto com garantia das receitas previstas no orçamento.

5.2 Classificação dos créditos

A classificação do crédito orçamentário está intimamente ligada à sua finalidade, de modo que se mostra importante não apenas para fins doutrinários, mas também por questões legais, pois, a depender de sua espécie, dispensa-se prévia dotação orçamentária ou mesmo autorização legislativa. Nesse sentido, veremos mais detalhadamente as três espécies de crédito (especial, adicional e extraordinário).

Crédito adicional é a modalidade que reforça uma dotação já existente. Por exemplo, se uma despesa foi devidamente colocada no orçamento anual, mas, por qualquer que seja o motivo, essa previsão é insuficiente para a realidade da situação, abre-se um crédito com vistas a complementar essa receita.

É necessário que haja autorização prévia do Poder Legislativo, isto é, antes da abertura do crédito por parte do Executivo. Interessante destacar que a própria LOA pode vir dotada de dispositivo de autorização, no sentido de, quando apresentar a receita para uma despesa, já conter a previsão que autoriza, caso necessário, um percentual de crédito suplementar.

Outro ponto importante é a origem dos recursos para concessão dessa modalidade de crédito, que devem necessariamente ser produtos do superávit financeiro, do excesso de arrecadação, da anulação total ou parcial de dotação orçamentária ou crédito adicional, das operações de crédito autorizadas e viáveis juridicamente, dos recursos que, em decorrência de veto, emenda ou rejeição do projeto de lei orçamentária, ficaram sem despesas correspondentes e, ainda, da reserva de contingência.

No que concerne à vigência, esta tem início desde a abertura do referido crédito e perdura até o término do exercício financeiro.

Já o **crédito especial** é destinado a possibilitar a realização de uma despesa que não estava prevista no orçamento. Aqui, não há de se falar em caráter de urgência, sendo necessária a autorização legislativa mediante lei específica.

Quanto à origem das receitas, o mesmo se aplica ao crédito suplementar, ou seja, devem derivar do superávit financeiro, do excesso de arrecadação etc.

Com relação à vigência dessa modalidade de crédito, existe uma particularidade. A regra é a data de abertura do crédito até o fim do exercício anual, contudo, se o crédito for aberto nos últimos quatro meses de vigência do exercício, tal crédito poderá ser reaberto no exercício seguinte, desde que obedeça às regras do exercício anterior quanto aos seus limites de saldo.

Por fim, o **crédito extraordinário** tem objetivo diferente dos anteriores, no sentido de ser uma garantia ao Executivo para a tomada de decisões em casos extremos, como calamidade pública, guerra ou fatos de grande apelo popular.

Desse modo, pelo perigo na demora e por questões de sigilo, não depende de autorização legislativa. Essa decisão é uma prerrogativa do chefe do Executivo, a qual deve ser fundamentada e discriminada no ato de abertura, que será feito por meio de decreto, comunicando-se imediatamente o Poder Legislativo.

O ponto mais curioso que demonstra a importância dessa modalidade é que a origem da receita a ser empregada não precisa de indicação, o que significa que o Poder Executivo, mediante decreto, poderá abrir um crédito sem nem ao menos indicar a fonte de recursos. Isso porque, em casos excepcionais, seja de guerra, seja de calamidade pública, seja de comoção interna, o chefe do Executivo deverá ter plena liberdade para tomar as decisões necessárias a fim de garantir à nação seus direitos básicos.

Outro ponto que merece destaque é a vigência dessa modalidade de crédito, que obedece à regra de iniciar-se com a abertura do crédito e finalizar-se com o término do exercício financeiro. Entretanto, impera a exceção de vigência do crédito especial, isto é, se o crédito for aberto nos últimos quatro meses, poderá ser reaberto no exercício anterior, respeitando-se seu saldo (Piscitelli, 2018).

Por outro lado, o crédito público como fonte regular de financiamento do Estado, em razão da concepção de empréstimo público, é assim classificado (Abraham, 2018):

a. empréstimo público federal, estadual ou municipal;
b. empréstimo público de curto prazo ou de longo prazo;
c. empréstimo público interno ou externo, sendo interno quando credor e devedor forem de dentro do país e externo quando a captação do recurso for internacional;
d. empréstimo público voluntário ou compulsório, quando o empréstimo decorrer de uma obrigação, e não por opção, como no caso do voluntário (por exemplo, depósitos bancários feitos por instituição financeira junto ao Banco Central).

Para saber mais

HARADA, K. **Direito financeiro e tributário**. 29. ed. São Paulo: Atlas, 2020.

Nessa obra, o autor exaure a análise dos objetos do direito financeiro – despesas e receitas públicas, orçamento público e crédito público – sob a ótica constitucional e das demais legislações.

Síntese

Para que um governante possa realizar as necessidades de seu povo de maneira proba e democrática, faz-se necessário prevê-las nas leis orçamentárias, ou seja, dispor de um planejamento minucioso e consciente a longo, médio e curto prazos.

No entanto, imprevistos acontecem e planejamentos falham. Com isso, surge a possibilidade de despesas não previstas ou previstas de forma insuficiente.

Nesse sentido, o crédito público serve como importante ferramenta para garantir ao governante alternativas diante de uma situação que lhe exija mais recursos. Isso pode ocorrer suplementando-se uma despesa já prevista, retificando-se a LOA ou criando-se uma despesa que não foi anteriormente prevista, isso pela natureza urgente e imprevisível da situação fática.

O crédito público pode ser analisado por diferentes vértices, podendo ser caracterizado como empréstimo público, quando o governante contrai uma dívida, ou mesmo como uma atividade de fomento das políticas de desenvolvimento nacionais (intervenção na economia), ou, ainda, para além das populares aplicações do termo *crédito público*, como um importante instituto garantidor dos recursos necessários ao gestor para que possa realizar as despesas urgentes, calamitosas e essenciais que se fizerem necessárias de forma superveniente.

Questões para revisão

1. Quanto ao crédito orçamentário, assinale a alternativa correta:
   a. É a previsão das despesas nas leis orçamentárias para executar programas, projetos e atividades, ou seja, é a autorização para tais despesas.
   b. É o montante que sobra da receita depois de diluídas as despesas.
   c. É o investimento que o Estado faz para pagar no exercício seguinte.
   d. É o conjunto das receitas públicas.

2. O que significa afirmar que o crédito suplementar é um mecanismo para retificar a Lei Orçamentária Anual (LOA)?
   a. Retifica a LOA pois cria uma nova despesa, mesmo com a lei já em vigência.
   b. Retifica a LOA pois extingue uma despesa e cria outra maior.
   c. Corrige imperfeições no orçamento contidas na LOA.
   d. Retifica a LOA de forma a ampliar uma despesa já existente, atualizando a lei.

3. Crédito adicional é:
   a. a sobra de dinheiro após a publicação da LOA.
   b. a modalidade de empréstimo que o governante faz junto ao Fundo Monetário Internacional (FMI).
   c. a possibilidade de reforçar uma despesa já existente, no sentido de ampliar o valor que poderá ser gasto para a realização dessa despesa.
   d. a possibilidade de adicionar mais despesas na LOA.

4. No crédito adicional, é possível utilizar qualquer recurso que esteja disponível ao governante?

5. Qual é a diferença entre crédito especial e crédito extraordinário?

Questão para reflexão

1. Reflita sobre a possibilidade de o governante de um município contrair um crédito público para realizar obras durante seu mandato e deixar a "dívida" para o próximo prefeito, tendo em vista a vigência do crédito. Isso é possível? Por quê?

capítulo seis

Lei de Responsabilidade Fiscal (LRF)

Conteúdos do capítulo:

- Teor e aplicação da Lei de Responsabilidade Fiscal (LRF).
- Impactos trazidos pelo diploma legal.

Após o estudo deste capítulo, você será capaz de:

1. identificar o descumprimento das normas legais pelo Poder Executivo ou pelo Poder Legislativo no que se refere ao orçamento público;
2. compreender a importância da aprovação da LRF no que concerne à probidade administrativa.

Nos capítulos anteriores, fizemos várias abordagens sobre as implicações da Lei Complementar n. 101, de 4 de maio de 2000 (Brasil, 2000b), conhecida como *Lei de Responsabilidade Fiscal* (LRF), e também da Lei n. 4.320, de 17 de março de 1964 (Brasil, 1964). Neste capítulo, vamos tratar, de forma sucinta, da trajetória da aprovação da LRF.

A Lei Complementar n. 101/2000 surgiu para dar efetividade a políticas de estabilização fiscal, regulamentar dispositivos constitucionais sobre matérias financeiras e promover maior controle na gestão pública. Ressaltamos que essa lei não revogou a Lei n. 4.320/1964, que estabelece as normas gerais para a elaboração das leis orçamentárias (Abraham, 2018).

Para a elaboração da LRF, alguns órgãos internacionais serviram de modelo, como o Fundo Monetário Internacional (FMI), que contribuiu com a divulgação das funções de política e de gestão pública; com a forma de especificar os objetivos da política fiscal; com a simplificação das informações orçamentárias; e com a apresentação das contas ao Legislativo.

Alguns tratados dos quais o Brasil era signatário também influenciaram a LRF, em especial o Tratado de Maastricht, de 1992, que determinou regras fiscais rígidas para os países que desejassem ingressar na Comunidade Europeia, como o equilíbrio fiscal sustentado e o controle do déficit orçamentário, do que decorreu a adoção do Anexo de Metas Fiscais (Abraham, 2018).

Dos Estados Unidos veio a influência sobre a limitação de empenho prevista no art. 9º da LRF, que impõe a contenção das despesas quando as respectivas receitas não se realizarem. Também o mecanismo de compensação implica que todo ato que provoque aumento despesas deve prever a compensação das receitas.

Além das influências externas, a LRF sofreu influências internas: o Fundo de Estabilização Fiscal, instituído em 1996 por meio da Emenda Constitucional n. 10; a Emenda Constitucional n. 19/1998, que trouxe mudanças nos regimes dos servidores e agentes políticos e ampliou o controle das finanças públicas; a Emenda Constitucional n. 20/1998, que alterou o sistema previdenciário e as demais legislações que impuseram limitações aos gastos com despesas de pessoal.

Por fim, a necessidade de buscar o equilíbrio das contas públicas redefiniu o modelo econômico do Brasil, o que, de certa maneira, atendeu aos anseios da sociedade. Isso porque não é de hoje que o povo vê com descrédito a administração dos governantes e, infelizmente, os gastos exacerbados e injustificados sempre fizeram parte de nossa história.

As medidas eleitoreiras*, os investimentos no fim das campanhas e os gastos pessoais que não se justificavam constituíam despesas que precisavam de uma limitação, ou seja, era necessária uma lei que impusesse balizas aos gastos públicos.

> Além das restrições quanto aos gastos públicos constantes na LRF, no período eleitoral existem ainda mais restrições para os gastos, conforme prevê a Lei n. 9.504/1997, justamente para evitar dispêndio com fins eleitoreiros, utilizando-se a máquina pública para eventual reeleição.

Era preciso estabelecer um código de conduta para os gestores, que fosse baseado em padrões internacionais de boa governança. Assim, em 4 de maio de 2000, foi promulgada a Lei Complementar n. 101/2000, a LRF.

A partir desse marco administrativo, as condutas dos governantes têm como regra os princípios da probidade, da transparência, do equilíbrio e do planejamento. Não mais é possível praticar ou deixar de praticar um ato sem observar o disposto na referida lei. É a total submissão do Estado ante a norma, premissa que já vimos e que faz parte do Estado democrático de direito.

---

* *Eleitoreiras* no sentido pejorativo de "eleitoral"; medida eleitoreira é medida que busca a intenção de voto, independentemente de questões éticas, morais ou legais.

Ademais, por meio desse diploma legal, atribui-se mais efetividade ao ciclo orçamentário, uma vez que regula e incorpora novos institutos no orçamento anual na Lei de Diretrizes Orçamentárias (LDO) e nas formas de controle orçamentário, buscando-se sempre atingir as metas ali desenhadas.

Uma importante atribuição estabelecida pela LRF é a obrigatoriedade de indicar o impacto fiscal e a respectiva fonte de receita para bancar despesas contínuas, principalmente de pessoal. Além disso, fixam-se limites para o aumento do crédito público com vistas à redução do endividamento.

Do ponto de vista democrático, a LRF é instrumento de cidadania e democratização das finanças públicas, uma vez que cria mecanismos que fomentam a participação da sociedade em questões orçamentárias, compreendendo desde o processo legislativo até o fim de sua execução.

Ocorre que, apesar de todas as benesses demonstradas, nosso país só veio a adotar a LRF por pressão de órgãos internacionais, como o FMI, ao qual, assim como muitos outros países, o Brasil recorreu no final do século XX em busca de créditos públicos especiais ante a crise econômica que atingia o globo.

Podemos considerar que a motivação para criar a referida lei se divide em três partes: a primeira foi o alcance do efetivo equilíbrio fiscal; a segunda, a definição da matéria financeira prevista nos arts. 163, 165 e 169 da CF/1988; e a terceira foi a necessidade de criar uma ferramenta capaz de aperfeiçoar a gestão da Administração Pública.

Com o advento da nova legislação, manteve-se o já previsto na Lei n. 4.320/1964, que há mais de 50 anos regula as atividades financeiras do Estado. Afinal, podemos afirmar que os objetivos dos diplomas legais são distintos, visto que, ao passo que a Lei n. 4.320/1964 impõe normas de caráter geral no que tange à elaboração dos orçamentos e dos balanços de cada esfera governamental, a Lei Complementar n. 101/2000 estabelece normas fiscais, a fim de responsabilizar os governantes que venham a infringir os princípios da Administração Pública, tais como os da transparência, do planejamento, do controle e da responsabilidade.

Ainda, a LRF estipula normas para aperfeiçoar a gestão fiscal, com olhos voltados principalmente à probidade e à transparência, e a Lei n. 4.320/1964 concentra-se nos procedimentos de criação e controle do orçamento, com viés meramente contábil, visando ao equilíbrio nas contas públicas.

Claro que, em determinados pontos, considerando-se a hermenêutica, pode acontecer que os diplomas venham a colidir e, nesse sentido, como regra de conflito legal, prevalecerá a regra mais nova (*lex posterior derogat priori*). As disposições de operações de crédito e empresa estatal são exemplos de conflito em que a LRF prevalecerá sobre as disposições do antigo diploma.

É importante ressaltar a evolução trazida pelo referido diploma, porém algo ainda mais relevante é a conscientização de que essa lei, promulgada há quase 20 anos, precisa constantemente de melhoria e atualizações. Há pontos que não foram esmiuçados com a profundidade exigida pela nova legislação, a exemplo do Conselho de Gestão Fiscal*, previsto de forma genérica no art. 67, e da imposição dos limites no que concerne à dívida pública federal**.

---

* Conforme o Projeto de Lei n. 3.744/2000, que atualmente tramita na Câmara dos Deputados, o Conselho de Gestão Fiscal, com previsão no art. 67 da LRF, será vinculado ao Ministério do Planejamento, estabelecerá as diretrizes para a fiscalização e avaliação permanente da política e das operações fiscais e será constituído pelos representantes dos três poderes e esferas de governo, além do Ministério Público, sendo composto por servidores que ocuparão o cargo por dois anos.

** O Projeto de Lei Complementar n. 54/2009, de iniciativa do Poder Executivo, foi enviado à Câmara dos Deputados em 04/08/2000. Atualmente, encontra-se na Comissão de Assuntos Econômicos. Conforme o projeto, o total da dívida pública obedecerá ao teto de 6,5 vezes o montante da receita nacional.

O planejamento orçamentário passou a ter um ganho significativo no campo da eficácia, uma vez que a nova lei passou a impor medidas de avaliação das despesas, no sentido de aferir o custo-benefício da receita empregada. A partir daí, iniciou-se a preocupação por parte dos gestores, no momento da elaboração do orçamento, com a legitimidade das despesas, ou seja, não basta mais o orçamento prever de forma estritamente legalista e ser perfeito nas questões legislativas, ele deve produzir efeitos reais, possíveis de serem identificados ao término do exercício.

Podemos entender que a democracia também teve um ganho significativo, já que, pela primeira vez em território pátrio, pode a população acompanhar e fiscalizar a prestação de contas dos administradores, tendo em vista que a lei impõe a divulgação das finanças públicas em veículos de fácil acesso (inclusive internet).

Nesse sentido, a LRF não pode ser considerada, por si só, a garantia de equilíbrio fiscal permanente, quiçá a lei redentora capaz de tornar absolutamente ilibada a Administração Pública. De fato, ela representa um enorme passo para isso, promovendo melhorias paulatinas no controle fiscal da Administração Pública, que teve início em meados dos anos 1980 (Oliveira, 2010).

Ao compararmos a Lei n. 4.320/1964 com a Lei Complementar n. 101/2000 no que concerne ao orçamento público, percebemos que a LRF prevê exigências a fim de transformar o projeto em uma peça capaz de demonstrar o controle de custos, os objetivos alcançados e a probidade das despesas.

Quanto às receitas públicas, de um lado, a Lei n. 4.320/1964 limita-se a classificá-las e, de outro, a LRF prioriza requisitos com viés de interesse público, prevendo a efetivação da arrecadação de receitas, principalmente tributárias, com o estabelecimento de condições para as renúncias fiscais.

Exemplificando

A Lei Complementar n. 101/2000, após 20 anos de sua sanção, em razão da pandemia de Covid-19, teve parte de suas regras suspensas e flexibilizadas por decisões judiciais, mediante a Emenda Constitucional n. 106/2020, apelidada de *Orçamento de Guerra*, e a Lei Complementar n. 173/2020.

Um exemplo disso foi a decisão do Supremo Tribunal Federal (STF) que destacou que as ações de saúde e econômicas para enfrentar a pandemia não tinham como estar planejadas na execução orçamentária, já que era um fato imprevisível. Dessa forma, a demonstração de adequação e compensação orçamentária não pode prejudicar que os gestores implementem as medidas de enfrentamento da pandemia, podendo, portanto, ser desconsiderada em razão disso.

Assim, durante a pandemia, os gestores estão dispensados de demonstrar a adequação e a compensação orçamentária no caso de haver gastos extras com programas relacionados ao combate da Covid-19. Não é preciso apontar a fonte de recursos para cobrir as despesas, fazer estimativa de impactos financeiros e orçamento ou compensar o gasto com aumento de receita ou com redução de despesa.

Para saber mais

BRASIL. Supremo Tribunal Federal. **Plenário reafirma que é constitucional a proibição de aumentos com pessoal durante pandemia.** 22 abr. 2021. Disponível em: <http://portal.stf.jus.br/noticias/verNoticiaDetalhe.asp?idConteudo=464589&ori=1>. Acesso em: 10 jul. 2021.

Confira a notícia do STF sobre a constitucionalidade do art. 8º da Lei Complementar n. 173/2020 no *link* indicado.

ABRAHAM, M. **Lei de Responsabilidade Fiscal comentada.** 3. ed. Rio de Janeiro: Forense, 2021.

Nesse livro, o autor enfrenta com profundidade cada aspecto da LRF.

Síntese

Antes do advento da LRF, as normas para a condução das contas públicas apresentavam um viés contábil, predominantemente matemático, e o que de fato importava era "fechar no azul", ou seja, de modo a evitar o endividamento. Contudo, a necessidade de tornar as finanças públicas transparentes originou um moderno diploma legal que se preocupa com a probidade e a transparência no que se refere ao dinheiro público. A possibilidade de responsabilizar o gestor público que infringir as regras da ética e os princípios da legalidade e da eficiência torna o orçamento público muito mais eficaz, inclusivo e democrático.

Desde o advento desse moderno mecanismo legal, os gestores preocupam-se muito mais em atender aos verdadeiros anseios da população. Embora longe de termos alcançado a perfeição, a LRF foi um importante passo nessa direção.

Questões para revisão

1. O advento da Lei de Responsabilidade Fiscal (LRF) mudou a forma de pensar as finanças públicas?
   a. Sim, pois, antes da promulgação da referida lei, a preocupação com o orçamento era meramente fiscal.
   b. Sim, porque o referido diploma legal trouxe a obrigatoriedade de estipular metas anuais, bianuais e a longo prazo.
   c. Não, pois a forma de executar e criar o orçamento público permaneceu inalterada.
   d. Não, porque ainda não é possível afirmar que alcançamos a perfeição na gestão do orçamento público.

2. A LRF estabeleceu importantes atribuições ao modelo de orçamento público, como:
   a. a prisão de chefes do Poder Executivo por improbidade administrativa.
   b. a obrigação de executar as despesas públicas de acordo com o interesse público.
   c. a obrigatoriedade de indicar o impacto fiscal e a respectiva fonte da receita para bancar as despesas contínuas, principalmente de pessoal.
   d. a necessidade de verificar a necessidade da população, independentemente do equilíbrio fiscal.
3. A LRF revogou a Lei n. 4.320/1964?
   a. Sim, pois é mais nova.
   b. Sim, pois é lei específica.
   c. Não, pois versam sobre matérias absolutamente diferentes.
   d. Não, pois a LRF volta-se para gestão fiscal administrativa, e a Lei n. 4.320/1964 busca a criação e o controle orçamentários, ou seja, um diploma completa o outro.
4. O que a LRF representa para a democracia brasileira?
5. Quais foram as principais motivações para criação da LRF?

Questão para reflexão

1. Não é de hoje que a popularidade dos governantes anda baixa, e a Lei de Responsabilidade Fiscal (LRF) é um importante marco para resgatar a confiança no cenário político. Reflita sobre a lei e argumente se ela é suficiente para, por si só, resgatar o equilíbrio fiscal e a confiança do povo.

Considerações finais

O Estado é o responsável por atender às necessidades de seus cidadãos. Quanto maior for a intervenção dele na economia, maiores serão as atividades exercidas nessa esfera. O exercício dessas atividades demanda recursos financeiros, e a forma de arrecadá-los e de gastá-los é rigorosamente regulamentada no ordenamento jurídico brasileiro.

O principal instrumento para que o Estado exerça sua atividade financeira é o orçamento público, que demanda um minucioso planejamento a longo, médio e curto prazos, o que se consolida por meio da edição das três leis orçamentárias: Plano Plurianual (PPA), Lei de Diretrizes Orçamentárias (LDO) e Lei Orçamentária Anual (LOA).

As leis orçamentárias estão determinadas na Constituição Federal de 1988, que recepcionou a Lei n. 4.320/1964, a qual, por sua vez, regulamenta o orçamento sob uma visão contábil. Com o passar do tempo, percebeu-se a necessidade de um maior rigor nos gastos do dinheiro público, já que o orçamento não tem apenas um viés contábil, estando imbuído de aspectos econômicos, financeiros e políticos. Justamente por isso poderia ser utilizado como instrumento de manobra para suprir mais os interesses do gestor do que as necessidades da sociedade.

Assim, a Lei de Responsabilidade Fiscal (LRF) estabeleceu um direcionamento e, por que não dizer, limites para a vontade do gestor do dinheiro público, fazendo com que sua atuação tenha como fim o cumprimento do objetivo central da Administração Pública, ou seja, estar absolutamente adstrita ao interesse público.

Conhecer e compreender o alcance da LRF no orçamento público e seguir seus mandamentos certamente fará a diferença entre o sucesso e o insucesso da gestão pública.

✦ ✦ ✦

Lista de siglas

ADCT	Ato das Disposições Constitucionais Transitórias
BNDES	Banco Nacional de Desenvolvimento Econômico e Social
CAAIS	Comissão de Averiguação e Análise de Informações Sigilosas
CF	Constituição Federal
CMO	Comissão Mista de Planos, Orçamentos Públicos e Fiscalização
DOU	Diário Oficial da União
DRU	Desvinculação de Recursos da Emenda Constitucional
Eireli	Empresa individual de responsabilidade limitada
FGTS	Fundo de Garantia do Tempo de Serviço
GTCON	Grupo Técnico de Procedimentos Contábeis
IGF	Imposto sobre Grandes Fortunas
IPVA	Imposto sobre a Propriedade de Veículos Automotores
LDO	Lei de Diretrizes Orçamentárias
LOA	Lei Orçamentária Anual
LRF	Lei de Responsabilidade Fiscal
PCASP	Plano de Contas Aplicado ao Setor Público
PPA	Plano Plurianual
STF	Supremo Tribunal Federal
STN	Secretaria do Tesouro Nacional
TCE	Tribunal de Contas do Estado

Referências

ABRAHAM, M. **Curso de direito financeiro brasileiro.** 4. ed. Rio de Janeiro: Forense, 2017.

ABRAHAM, M. **Curso de direito financeiro brasileiro.** 5. ed. Rio de Janeiro: Forense, 2018.

ABRAHAM, M. Efeitos da pandemia nas contas públicas e o papel fiscal do Estado. **GenJurídico**, 1º jul. 2020. Disponível em: <http://genjuridico.com.br/2020/07/01/efeitos-pandemia-contas-publicas/>. Acesso em: 10 jul. 2021.

ACKOFF, R. L. **Planejamento de pesquisa social.** Rio de Janeiro: Herder, 1967.

ALVES NETO, J. **Princípios orçamentários no contexto das constituições e leis orçamentárias.** Brasília: Universidade de Brasília, 2006.

BALEEIRO, A. **Uma introdução à ciência das finanças.** 15. ed. Rio de Janeiro: Forense, 1997.

BALEEIRO, A. **Uma introdução à ciência das finanças.** Rio de Janeiro: Forense, 1960.

BARBOSA, R. **Comentários à Constituição Federal brasileira.** São Paulo: Saraiva, 1933.

BARCELLOS, A. P. **Curso de direito constitucional.** 2. ed. Rio de Janeiro: Forense, 2019.

BARROSO, L. R. Da falta de efetividade à judicialização excessiva: direito à saúde, fornecimento gratuito de medicamentos e parâmetros para atuação judicial. In: SOUZA NETO, C. P. de; SARMENTO, D. **Direitos sociais:** fundamentos, judicialização e direitos sociais em espécie. Rio de Janeiro: Lumen Juris, 2008. p. 875-904.

BRASIL. Constituição (1946). **Diário Oficial**, Rio de Janeiro, 19 set. 1946. Disponível em: <http://www.planalto.gov.br/ccivil_03/constituicao/constituicao46.htm>. Acesso em: 10 jul. 2021.

BRASIL. Constituição (1988). **Diário Oficial da União**, Brasília, DF, 5 out. 1988. Disponível em: <http://www.planalto.gov.br/ccivil_03/constituicao/constituicao.htm>. Acesso em: 10 jul. 2021.

BRASIL. Constituição (1988). Emenda Constitucional n. 27, de 21 de março de 2000. **Diário Oficial da União**, Brasília, DF, 22 mar. 2000a. Disponível em: <http://www.planalto.gov.br/ccivil_03/constituicao/emendas/emc/emc27.htm>. Acesso em: 10 jul. 2021.

BRASIL. Constituição (1988). Emenda Constitucional n. 86, de 17 de março de 2015. **Diário Oficial da União**, Brasília, DF, 18 mar. 2015. Disponível em: <http://www.planalto.gov.br/ccivil_03/constituicao/Emendas/Emc/emc86.htm>. Acesso em: 10 jul. 2021.

BRASIL. Constituição (1988). Emenda Constitucional n. 100, de 26 de junho de 2019. **Diário Oficial da União**, Brasília, DF, 27 jun. 2019a. Disponível em: <planalto.gov.br/ccivil_03/constituicao/emendas/emc/emc100.htm>. Acesso em: 10 jul. 2021.

BRASIL. Decreto-Lei n. 200, de 25 de fevereiro de 1967. **Diário Oficial da União**, Poder Executivo, Brasília, 27 mar. 1967. Disponível em: <http://www.planalto.gov.br/ccivil_03/decreto-lei/del0200.htm>. Acesso em: 10 jul. 2021.

BRASIL. Decreto n. 5.482, de 30 de junho de 2005. **Diário Oficial da União**, Poder Executivo, Brasília, 1º jul. 2005. Disponível em: <http://www.planalto.gov.br/ccivil_03/_ato2004-2006/2005/decreto/d5482.htm>. Acesso em: 10 jul. 2021.

BRASIL. Decreto n. 7.845, de 14 de novembro de 2012. **Diário Oficial da União**, Poder Executivo, Brasília, 16 nov. 2012. Disponível em: <http://www.planalto.gov.br/ccivil_03/_ato2011-2014/2012/decreto/d7845.htm>. Acesso em: 10 jul. 2021.

BRASIL. Lei n. 4.320, de 17 de março de 1964. **Diário Oficial da União**, Poder Legislativo, Brasília, 23 mar. 1964. Disponível em: <http://www.planalto.gov.br/ccivil_03/leis/L4320.htm>. Acesso em: 10 jul. 2021.

BRASIL. Lei n. 5.172, de 25 de outubro de 1966. **Diário Oficial da União**, Poder Legislativo, Brasília, 27 out. 1966. Disponível em: <http://www.planalto.gov.br/ccivil_03/leis/l5172compilado.htm>. Acesso em: 10 jul. 2021.

BRASIL. Lei n. 8.443, de 16 de julho de 1992. **Diário Oficial da União**, Poder Judiciário, Brasília, 17 jul. 1992. Disponível em: <http://www.planalto.gov.br/ccivil_03/leis/l8443.htm>. Acesso em: 10 jul. 2021.

BRASIL. Lei n. 10.406, de 10 de janeiro de 2002. **Diário Oficial da União**, Poder Legislativo, Brasília, 11 jan. 2002. Disponível em: <http://www.planalto.gov.br/ccivil_03/leis/2002/l10406compilada.htm>. Acesso em: 10 jul. 2021.

BRASIL. Lei Complementar n. 101, de 4 de maio de 2000. **Diário Oficial da União**, Poder Legislativo, Brasília, 5 maio 2000b. Disponível em: <http://www.planalto.gov.br/ccivil_03/leis/lcp/lcp101.htm>. Acesso em: 10 jul. 2021.

BRASIL. Lei Complementar n. 131, de 27 de maio de 2009. **Diário Oficial da União**, Poder Legislativo, Brasília, 27 maio 2009. Disponível em: <http://www.planalto.gov.br/ccivil_03/leis/lcp/lcp131.htm>. Acesso em: 10 jul. 2021.

BRASIL. Ministério do Orçamento e Gestão. Portaria n. 42, de 14 de abril de 1999. **Diário Oficial da União**, Brasília, DF, 15 abr. 1999. Disponível em: <https://www.legisweb.com.br/legislacao/?id=182092>. Acesso em: 10 jul. 2021.

BRASIL. Secretaria do Tesouro Nacional. **Manual de Contabilidade Aplicada ao Setor Público**. 8. ed. Brasília, 2019b. Disponível em: <https://www.tesourotransparente.gov.br/publicacoes/manual-de-contabilidade-aplicada-ao-setor-publico-mcasp/2019/26>. Acesso em: 10 jul. 2021.

BRASIL. Secretaria do Tesouro Nacional. Portaria n. 386, de 13 de junho de 2019. **Diário Oficial da União**, Brasília, DF, 14 jun. 2019c. Disponível em: <https://www.in.gov.br/en/web/dou/-/portaria-n-386-de-13-de-junho-de-2019-163604017>. Acesso em: 10 jul. 2021.

BRASIL. Secretaria do Tesouro Nacional. Secretaria de Orçamento Federal. Portaria Interministerial n. 163, de 4 de maio de 2001. **Diário Oficial da União**, Brasília, DF, 7 maio 2001. Disponível em: <http://www.orcamentofederal.gov.br/orcamentos-anuais/orcamento-2015-2/arquivos%20portarias-sof/portaria-interm-163_2001_atualizada_2015_02set2015.pdf/>. Acesso em: 10 jul. 2021.

CAMPOS, D. **Direito financeiro e orçamentário**. 3. ed. São Paulo: Atlas, 2005.

CONTI, J. M. **Federalismo fiscal e fundos de participação**. São Paulo: J. de Oliveira, 2001.

DEODATO, A. **Manual de ciência das finanças**. 10. ed. São Paulo: Saraiva, 1967.

DI PIETRO, M. S. Z. **Direito administrativo**. 21. ed. São Paulo: Atlas, 2007.

DIAS, R. **Gestão pública:** aspectos atuais e perspectivas para atualização. São Paulo: Atlas, 2017.

FONROUGE, G. C. M. **Derecho financiero.** 3. ed. Buenos Aires: Depalma, 1976.

GIACOMONI, J. **Orçamento público.** 13. ed. São Paulo: Atlas, 2005.

GIACOMONI, J. **Orçamento público.** 15. ed. São Paulo: Atlas, 2010.

GIACOMONI, J. **Orçamento público.** 17. ed. São Paulo: Atlas, 2017.

HARADA, K. **Direito financeiro e tributário.** 26. ed. São Paulo: Atlas, 2017.

MACHADO SEGUNDO, H. de B. **Manual de direito tributário.** 11. ed. São Paulo: Atlas, 2019.

MATIAS-PEREIRA, J. **Manual de gestão pública contemporânea.** 5. ed. São Paulo: Atlas, 2016.

MEIRELLES, H. L. **Direito administrativo brasileiro.** São Paulo: Revista dos Tribunais, 1986.

MELLO, C. A. B. de. **Prestação de serviços públicos e administração indireta.** São Paulo: Revista dos Tribunais, 1973.

MINAS GERAIS. Tribunal de Contas. Consulta n. 812.017, Relator: Cons. Sebastião Helvecio, Belo Horizonte, MG, **Diário Oficial do Estado,** 21 mar. 2013. Disponível em: <https://tce-mg.jusbrasil.com.br/jurisprudencia/419286117/consulta-812017/inteiro-teor-419286202>. Acesso em: 10 jul. 2021.

OLIVEIRA, D. de P. R. de. **Planejamento estratégico:** conceitos, metodologia e práticas. 34. ed. São Paulo: Atlas, 2018.

OLIVEIRA, R. F. **Curso de direito financeiro.** 8. ed. São Paulo: Malheiros, 2019.

OLIVEIRA, W. de. O equilíbrio das finanças públicas e a Lei de Responsabilidade Fiscal. **Revista Técnica dos Tribunais de Contas,** Belo Horizonte, p. 187, 2010.

PALUDO, A. V. **Orçamento público, AFO e LRF.** 4. ed. São Paulo: Elsevier, 2013.

PARANÁ. Secretaria da Fazenda. Diretoria de Orçamento Estadual. **Manual técnico do orçamento:** exercício 2021. Curitiba, 2021. Disponível em: <http://www.portaldatransparencia.pr.gov.br/arquivos/File/planejamento_orcamento/MTO_2021_v3.pdf>. Acesso em: 10 jul. 2021.

PISCITELLI, T. **Direito financeiro**. 6. ed. rev. e atual. Rio de Janeiro: Forense; São Paulo: Método, 2018.

SANTOS, C. dos. **Introdução à gestão pública**. São Paulo: Saraiva, 2010.

SCAFF, F. F. Equilíbrio orçamentário, sustentabilidade financeira e justiça intergeracional. **Boletim de Ciências Econômicas**, Coimbra, v. 57, p. 3179-3202, 2014. Disponível em: <https://digitalis-dsp.uc.pt/bitstream/10316.2/39867/1/Equilibrio%20orcamentario.pdf>. Acesso em: 10 jul. 2021.

SILVA, J. A. da. **Curso de direito constitucional positivo**. 37. ed. São Paulo: Malheiros, 2004.

TORRES, R. L. **Curso de direito financeiro e tributário**. 12. ed. atual. Rio de Janeiro: Renovar, 2005.

TORRES, R. L. **Curso de direito financeiro e tributário**. 18. ed. Rio de Janeiro: Renovar, 2011.

Respostas

Capítulo 1

Questões para revisão

1. c
2. c
3. d
4. A Lei n. 4.320/1964, que é conhecida como *Lei das Normas Gerais de Direito Financeiro*, e a Lei Complementar n. 101/2000, denominada *Lei de Responsabilidade Fiscal*.
5. O empréstimo compulsório é um tributo que somente pode ser criado pela União e em situações especiais, tais como guerra, calamidade pública ou investimento público relevante. Esse tributo fica vinculado ao que motivou sua criação, não podendo o valor arrecado ser utilizado para outro fim.

Capítulo 2

Questões para revisão

1. b
2. b
3. a
4. A Lei Orçamentária Anual (LOA) é o orçamento propriamente dito, contendo as despesas e as receitas do exercício de sua vigência. A Lei das Diretrizes Orçamentárias (LDO) estabelece a forma como será exercido o orçamento e contempla metas de médio prazo. Por fim, o Plano Plurianual (PPA) estabelece metas de longo prazo.

5. Há dois tipos de controle: o externo e o interno. O externo é aquele exercido por outros poderes, seja pelo Judiciário, seja pelo Legislativo, além dos tribunais de contas. Já o controle interno é aquele exercido pelo próprio ente.

Capítulo 3

Questões para revisão

1. c

2. b

3. a

4. Sim, por meio da renúncia, que pode ocorrer desde que observados os seguintes requisitos: (a) estar acompanhada da estimativa de impacto orçamentário pela ausência da receita; e (b) estar em conformidade com o disposto na LDO e demonstrar que não haverá prejuízo para as metas ou os planos contidos na LDO, ou estar acompanhada de um demonstrativo de compensação.

5. Sim, contudo não há punição prática, uma vez que a punição por deixar de instituir esse tributo é o não recebimento de repasses voluntários, mas a União não recebe tais repasses, ao contrário, é ela quem os realiza.

Capítulo 4

Questões para revisão

1. c

2. c

3. d

4. O Poder Judiciário, embora não realize diretamente o planejamento ou a execução de políticas públicas, é um dos principais atores nesse cenário institucional, uma vez que, quando provocado, concede, por meio de liminares ou decisões exaurientes, direitos como saúde e educação.

5. Diferentemente de quando um particular é condenado a pagar quantia certa, devendo fazê-lo imediatamente, a Administração

Pública pode realizar o pagamento no exercício financeiro seguinte, pautado no art. 100 da CF/1988. O pagamento do precatório será realizado de forma cronológica, sendo vedada a indicação de processos ou agentes públicos específicos para determinado caso, levando-se em conta o princípio da impessoalidade.

Capítulo 5

Questões para revisão

1. a

2. d

3. c

4. Não, a concessão dessa modalidade de crédito deve, necessariamente, ser produto do superávit financeiro, do excesso da arrecadação, da anulação total ou parcial de dotação orçamentária ou crédito adicional e das operações de crédito autorizadas e viáveis juridicamente.

5. No crédito especial, não há de se falar em urgência, logo, necessita-se da autorização do Poder Legislativo; no crédito extraordinário, há a previsão da realização de uma despesa urgente, dispensando-se a aprovação de outro poder.

Capítulo 6

Questões para revisão

1. a

2. c

3. d

4. Do ponto de vista democrático, a LRF é instrumento de cidadania e democratização das finanças públicas, uma vez que cria mecanismos que fomentam a participação da sociedade em questões orçamentárias, compreendendo desde o processo legislativo até o fim de sua execução.

5. A principal motivação para criar a referida lei pode ser dividida em três partes: a primeira foi o alcance do efetivo equilíbrio fiscal; a segunda, a definição da matéria financeira prevista nos arts. 163, 165 e 169 da CF/1988; e a terceira foi a necessidade de criar uma ferramenta capaz de aperfeiçoar a gestão da Administração Pública.

Sobre a autora

Elizabeth Bezerra Lopes Murakami é mestre em Teologia e em Direito de Família pelas Faculdades Batista do Paraná (Fabapar); pós-graduada em Direito Civil, em Direito Comercial e em Didática do Ensino Superior pela Pontifícia Universidade Católica do Paraná (PUCPR); formada em Direito pela Faculdade Tuiuti do Paraná. Atualmente, é professora da FAE Centro Universitário (desde 2008); sócia do escritório MVS Advogados Associados; consultora jurídica da área pública; e procuradora-geral da Prefeitura de Quatro Barras/PR. Foi assessora jurídica na Prefeitura de Pinhais e procuradora-geral na Prefeitura de Campo Magro.

Os papéis utilizados neste livro, certificados por instituições ambientais competentes, são recicláveis, provenientes de fontes renováveis e, portanto, um meio responsável e natural de informação e conhecimento.

FSC
www.fsc.org
MISTO
Papel produzido a partir de fontes responsáveis
FSC® C103535

Impressão: Reproset
Fevereiro/2023